GÉOGRAPHIE ANCIENNE ABRÉGÉE.

TOME PREMIER,

contenant l'Europe.

H. Gravelot auctoris frater inven.
J. B. Simonet Sculp.

GÉOGRAPHIE
ANCIENNE ABRÉGÉE,

Par M. D'ANVILLE,

De l'Académie Royale des Belles-Lettres,
& de celle des Sciences de Petersbourg,
Secrétaire de S. A. S. M. le Duc d'Orléans.

TOME PREMIER,
contenant l'Europe.

A PARIS,

Chez MERLIN, Libraire, rue de la Harpe,
à l'Image Saint Joseph.

M. DCC. LXVIII.
Avec Approbation & Privilége du Roi.

A MONSEIGNEUR

LE COMTE

DE

SAINT-FLORENTIN,

MINISTRE

& Secrétaire d'Etat.

MONSEIGNEUR,

C'est à la protection de VOTRE GRANDEUR *que je dois la publication d'un ouvrage, dont l'Egypte,*

a ij

pays des plus célèbres de l'Antiquité, fait la matière. Je
faisis pour témoigner publi-
quement ma reconnoiſſance,
l'occaſion d'un autre ouvrage, qui contient ce dont il eſt
plus important d'être inſtruit
dans tout ce que l'ancienne
Géographie prend d'étendue.
Ce qui eſt ainſi d'une utilité
plus générale pourra mériter
l'approbation d'un Miniſtre,
dont les intentions de faire
tout le bien poſſible ſont uni-
verſellement reconnues. L'ac-

cueil favorable des Personnes en place est un aiguillon de plus pour les *Gens de Lettres*. Je l'ai éprouvé en travaillant à ce dernier ouvrage, que je prends la liberté de V O U S présenter comme une marque du profond respect avec lequel je suis,

MONSEIGNEUR,

DE VOTRE GRANDEUR,

Le très-humble & très-
dévoué serviteur,
D'ANVILLE.

a iij

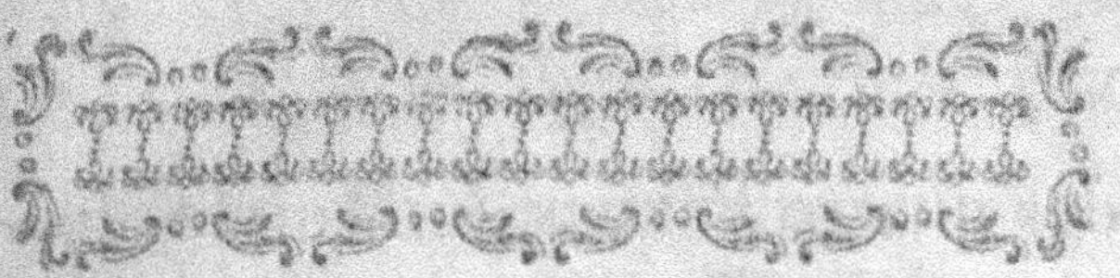

PRÉFACE.

J'ENTREPRENDS, dit un Géographe de l'Antiquité, de décrire le Monde, ouvrage rempli de difficultés, & nullement fusceptible d'élégance dans le ftyle (*). Mais, quand on s'applique à l'étude pour acquérir des connoiffances, il faut qu'au défir de fatisfaire fa propre curiofité, fe joigne le motif d'être s'il fe peut, de quelque utilité au Public. Après avoir donné dans le cours d'environ quinze ans, des Cartes plus amples qu'aucunes précédentes,

(*) *Orbis fitum dicere aggredior, impeditum opus, & facundia minimè capax.* Pomponius Méla.

a iv

des quatre Parties du Monde, fuivies de la Mappe-monde en deux grands Hémi-fphères, excité à ce travail par feu Monfeigneur le DUC D'ORLÉANS, aidé dans l'exécution par fes bienfaits, & par ceux du Prince fon Fils, je me fuis livré à la compofition d'une feconde fuite de Cartes, réfervée à l'ancienne Géographie, objet qui m'a toujours été précieux. Il paroîtroit fuperflu de recommander particulièrement ce qui eft affez généralement reconnu, la néceffité d'être inftruit dans cette Géographie, quand on veut l'être dans l'Hiftoire.

A la tête de cette fuite eft une Carte générale de l'*Orbis Veteribus notus*, ou du Monde connu des Anciens. Elle eft fuivie de l'*Orbis Romanus*, ou du Monde Romain, en deux parties, occidentale & orientale. Les objets y font plus développés, beaucoup plus circonstanciés, que dans des Cartes publiées antérieurement de l'Empire Romain. On les préfente fous un point de vue convenable à ce qui intéreffe l'état principal de la Géographie dans l'antiquité, plutôt que celui d'un âge poftérieur, felon lequel des provinces multipliées prefque à l'infini, font méconnoître l'état naturel des régions primitives. Ce que le Monde connu des Anciens prend d'étendue hors des limites de ces deux morceaux, n'offre guère d'autre détail qu'on ait le moyen de mettre en place avec quelque certitude, que celui qu'exprime la Carte générale de cet ancien Monde. Et j'ai pu me flatter de fournir beaucoup de Géographie, sans y employer plus de trois feuilles de Cartes.

Mais, il y a des contrées qui font trop de figure dans l'antiquité, pour n'avoir pas demandé d'être traitées séparément, & de manière à laisser moins à désirer sur ce qui les regarde. L'ancienne Gaule étoit particulièrement recommandée à un François. Il suffit de nommer l'Italie, la Grece, l'Asie mineure & la Syrie, la Palestine, l'Egypte, pour reconnoître les différens théâtres sur lesquels roule la scène des grands évènemens, dans les siècles dont l'Histoire conserve la mémoire. Ce sont donc autant de morceaux particuliers, qui entrent dans une collection de Cartes, que l'on peut croire suffire à représenter ce qu'il y a de plus ou moins circonstancié dans l'ancienne Géographie.

Ces différentes Cartes entre les mains de plusieurs personnes, ont fait désirer qu'il y eût quelque ouvrage par écrit, qui mît de l'intérêt à les consulter. Entre ces personnes il s'en est trouvé d'un sexe, dont la curiosité bien digne d'éloge sur un pareil sujet, vouloit qu'on se fît un devoir d'y satisfaire. Il n'existoit point d'ouvrage qui parût tenir la place de celui que l'on publie. Les sçavans ne se font point une peine de feuilleter les deux très - gros volumes *in - quarto* de Cellarius. Mais, dans son travail, quoique très-

eftimable, le défaut d'une connoiffance fuffifante de la Géographie actuelle, prive l'ancienne
Géographie de la lumière dont
elle a fouvent befoin, pour être
fixée, pour être même redreffée
en plus d'un endroit. Car, on
peut accufer les Géographes de
l'antiquité, de paroître quelquefois en faute à des yeux ouverts
fur le local, dont l'infpection doit
accompagner, autant qu'il eft poffible, l'étude qu'on voudra faire
de ces Géographes.

J'ai fenti en compofant un abrégé, toute la difficulté attachée à
ce genre de travail. Je ne me ferois
pas prêté volontiers à le faire plus
fec, & décharné. Il a fallu d'un
autre côté prendre fur foi, pour
fe refufer au defir, & à une forte

d'ambition , d'en enrichir davantage la compoſition. Pour fixer l'attention du lecteur aux choſes principales , le fond de l'ouvrage n'étant point ſurchargé d'un trop grand détail de lieux particuliers , une Table en ſimple Nomenclature fournira ſur ce détail un ample ſupplément. Les régions ſur leſquelles l'ancienne Géographie reçoit le plus de lumière des notions actuelles , ſont celles qui contribuent davantage à rendre nombreuſe cette Nomenclature. Et une autre remarque à faire , c'eſt qu'il y a des contrées ſur leſquelles l'antiquité eſt plus riche que l'état actuel connu. Ainſi, on ne doit point attendre , qu'une indication de poſitions correſpondantes ſe répande avec égalité ſur les différentes parties, bien loin de la vouloir universelle. Je me suis un peu passionné, si cette expression est permise, sur ce qui regarde l'Asie. Mais, ce que quelques personnes ont bien voulu me témoigner, qui est d'y voir moins de retenue sur le sçavoir qu'il n'en paroît dans l'ouvrage en général, me feroit conclure, qu'il étoit à propos que cela fût ainsi, & que le besoin pouvoit être plus grand sur l'Asie que sur notre Europe.

La lecture d'un ouvrage de ce genre demande indispensablement que les yeux se portent en même-temps sur des Cartes ; & quel feroit le nombre de petits morceaux à disperser dans un pareil ouvrage, si on vouloit l'y faire correspondre au nombre des objets particuliers qu'embrasse un aussi vaste champ, sans rien omettre du détail de ces objets ? Ce n'est point une lecture de pur agrément, & à faire en quelque lieu qu'on se trouve. Sérieuse comme elle est, elle peut aisément être accompagnée d'un rouleau de Cartes, ou d'un Porte-feuille qui les renferme. On ne sent point assez, combien il est avantageux de se rendre familier au coup - d'œil, l'ensemble, la situation & l'étendue respective de plusieurs parties limitrophes, plutôt que de les avoir morcelées séparément, & sur différens points d'échelle, ce qu'il ne seroit pas possible d'éviter ; de sorte que pour se faire quelques idées justes de réunion & de comparaison, une étude laborieuſe devienne néceſſaire. Encore, n'en réſultera-t-il pas le même effet que peut produire ſur l'imagination l'inſpection fréquemment réitérée d'un même tableau.

Un autre article ſur lequel il faut être détrompé, c'eſt d'avoir des Cartes qui faſſent voir la Géographie actuelle appliquée à l'ancienne, ou plutôt confondue avec elle. Ce qui eſt pratiquable ſur quelques poſitions de lieu en particulier, qui eſt de leur inſcrire pluſieurs noms, ne peut l'être à l'égard des pays dont les limites ne ſe répondent pas. Comment diſtinguer ſans embarras & confuſion, ce qui eſt ancien ou moderne dans la trace de ces différentes limites? Si un nom ayant

quelque chofe de commun, ainfi
que le nom de Guienne avec l'ancienne Aquitaine, dont on fçait
qu'il dérive, ne tombe pas fur la
même étendue de pays ; fi cette
étendue n'eft pas à beaucoup près
égale, comme celle de la Provence en comparaifon de l'ancienne Province Romaine dans la
Gaule, que fera-ce des pays qui
n'ont rien d'approchant dans le
rapport ? J'ai vu des perfonnes
imaginer, de faire paffer fous la
preffe en couleurs différentes la
répétition d'un même plan de
Carte. C'étoit ne pas voir la difficulté de l'exécution, & d'une
double dépenfe. Apporter trop de
facilités nuit foncièrement à l'inf-
truction : il faut qu'il en coûte
quelque application pour acqué-

rir des connoiſſances. La correspondance de l'ancienne Géographie & de la moderne ſe fera connoître, ſe développera, en comparant des Cartes modernes aux
anciennes, & ces Cartes modernes ſur le même fond de plan que
les anciennes rendront la compa-
raiſon fort aiſée. On en tirera
même l'avantage de ſe familiari-
ſer avec l'un comme avec l'autre
état de la Géographie.

Il n'auroit pas été convenable
dans un abrégé, de n'y faire paroître aucun lieu qu'en citant des auteurs dont il eſt tiré, quoiqu'on
n'ait pas cru en être tout-à-fait
diſpenſé dans quelques cas particuliers. Ce tiſſu ne devoit point
reſſembler à des diſcuſſions, tel-
les qu'on en peut voir dans des

Mémoires communiqués à l'Académie dont j'ai l'honneur d'être membre, bien qu'il ait été difficile d'éviter également par - tout ce même ton de difcuffion. En préfentant un édifice de vafte étendue, en parcourant fes différentes parties, on épargne à l'œil autant qu'il eft poffible, la vue de tout l'échafaudage, & du détail prefque infini de matériaux qui ont fervi à l'élever, & à le remplir en même - temps d'une multitude d'objets qu'il devoit renfermer. Les perfonnes auxquelles une forte de bizarrerie dans l'altération des noms n'eft point familière, & qui peuvent être peu au fait de certains rapports, par lefquels fe conferve un refte d'analogie dans cette altération, verront peut-être avec quelque étonnement, que des noms en apparence assez dissemblables, soient donnés pour correspondans. Je desirerois beaucoup, que des yeux presque usés par une longue étude, comme par les desseins d'un grand nombre de morceaux, dont plusieurs n'ont point été gravés, me permissent encore de faire succéder à cet abrégé de l'ancienne Géographie un autre ouvrage, qui pourroit être intitulé : *Etats formés en Europe après la chûte de l'Empire Romain en occident.* Ce changement de scène, qu'on peut traiter de révolution dans la Géographie, & amené par des circonstances recueillies dans l'Histoire, paroîtroit d'autant plus intéressant à considérer,

qu'il prépare & sert de fonde-
ment à l'état où sont les choses
actuellement.

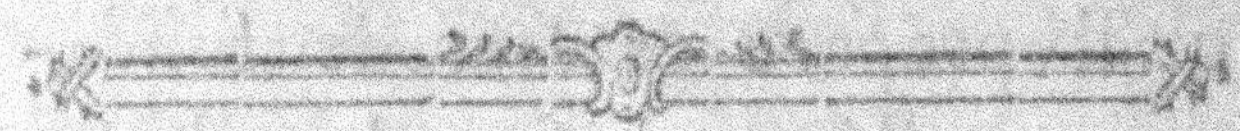

AVERTISSEMENT

Concernant les Cartes nécessaires
à la lecture de ce Volume.

*LE Préliminaire fera connoître
qu'il est à propos de jetter un coup-
d'œil général sur la Carte de l'Orbis Veteribus notus, ou du Monde
connu des Anciens.*

*Pour le détail des différentes
contrées que renferme l'Europe,
les deux parties de l'Orbis Romanus, ou du Monde Romain, en
fournissent le champ complettement,
si on excepte ce qui étant plus en-
foncé dans le nord, est suppléé par
la Carte de l'ancien Monde. Quel-*

ques pays qui demandent d'être traités plus amplement que dans les parties du Monde Romain, font l'objet des Cartes particulières de Gallia, Italia, Græcia.

Dans le nombre des personnes que le desir de s'instruire engagera dans la lecture de cet Ouvrage, il peut s'en trouver qu'il soit à propos de prévenir, que les noms propres du local, imprimés en caractère italique, doivent être lus comme dans le Latin. Ainsi, point d'e muet dans la finale de ces noms. On doit prononcer le ch, qui n'est qu'une seule lettre dans le Grec, comme on feroit un k, & conserver même cette prononciation dans les mêmes noms employés en Fran-

çois , comme eſt celui de Cherſonèſe. C'eſt le motif d'une utilité
générale qui a fait ajouter cette
remarque à cet Avertiſſement.

GÉOGRAPHIE

GÉOGRAPHIE

ANCIENNE, ABRÉGÉE.

L'ANCIENNE GÉOGRAPHIE se renferme
dans ce que les Ecrivains de l'antiquité,
GRECS & ROMAINS, nous ont laissé de
connoissance en cette matière. Le tems
y avoit mis des progrès successifs. Ce que
donnent les Poëmes d'Homère, est le
premier âge, pour ainsi dire, de cette
Géographie. La Grece, & ce qui en est
voisin en Italie, une partie de l'Asie,
quelque portion de l'Afrique vers l'Egypte, en font tout l'objet, qui ne reçut de
notable aggrandissement que par les conquêtes d'Alexandre. On n'avoit auparavant d'autre connoissance de l'Inde que

A

son nom, & celui de l'Indus. L'occident
demeuroit inconnu aux Grecs, si ce n'est
que quelques Historiens parloient de la
navigation des Phéniciens vers les côtes
méridionales de l'Ibérie ou de l'Espagne.
Des établissemens formés en Italie & en
Germanie par des Nations Celtiques,
avoient pu répandre leur nom, sans que
la Gaule, dont ces Nations étoient sorties, fût connue. La domination Romaine, lorsqu'elle s'étendit dans l'occident & vers le nord de l'Europe, en fit
connoître les différentes contrées. Les
parties de l'Asie & de l'Afrique assujetties
à la même Puissance, furent aussi beaucoup mieux connues, qu'elles ne l'avoient
été dans des temps antérieurs. Ainsi, ce
qu'avec quelques anciens Ecrivains on
peut appeller le Monde Romain, fait
la partie principale de l'ancienne Géographie, & ce qu'elle exprime avec plus de
détail & de précision. Rien ne resserre
davantage les notions de l'antiquité en
Géographie, que l'opinion de ne juger

la Terre propre à être habitée que dans les climats d'une zône tempérée, à l'exclusion des zônes, que par les ardeurs du soleil, ou par l'extrême rigueur du froid, on croyoit inhabitables : & dans ce systè- me, la zône torride étoit une barrière, qui ne laissoit point, entre la zône tempérée septentrionale qu'habitoient les anciens, de communication avec la méridionale. Les connoissances de l'antiquité étant ainsi contenues dans la largeur d'une bande ou d'une zône, les anciens ont pu appeller longueur, ou *Longitude*, ce qui pouvoit s'étendre davantage d'occident en orient, que ce qui paroissoit plus resserré en largeur, ou *Latitude*, du midi au septentrion. Le plus illustre des Géographes de l'antiquité, Strabon, n'étoit point détrompé sur cette opinion qui bornoit l'objet de la Géographie, quoique dans la sienne il s'étende à quelques terres au-delà du Tropique. Ptolémée en a reculé les limites, il passe même la Ligne équinoctiale. Le Gange, auquel

Strabon s'est arrêté, n'est point le terme de la Géographie dans Ptolémée. Les navigations avoient ouvert la voie vers des pays ultérieurs, jusqu'à celui des Sines, que nous ferons connoître dans la suite de cet ouvrage. Mais, par la situation qui répond à cette contrée, on verra en même tems combien il faut rabattre de l'extension que Ptolémée prenoit en longitude, jusqu'à cette extrémité de l'ancienne Géographie vers l'orient. La carte du MONDE CONNU DES ANCIENS, dans laquelle il a paru convenable de ne figurer de terres que ce qui appartient réellement au sujet qu'elle représente, fait appercevoir d'un coup d'œil ce que l'antiquité connoissoit dans l'Asie & dans l'Afrique, qui plus vastes que l'Europe, laissoient à un tems postérieur la découverte de ce que ces grands continents ont de plus reculé.

La division du Monde en trois parties, EUROPE, ASIE, AFRIQUE, est de la plus haute antiquité. Mais, avant que d'en

trer dans un détail de contrées, en chacune de ces parties; il eſt à propos pour
être inſtruit dans l'ancienne Géographie,
de prendre quelques notions générales
ſur deux articles qui s'étendent à l'uni-
verſalité de ſon objet. Le premier de ces
articles regarde les régions & les noms
des VENTS, ſelon les Anciens; l'autre,
les MESURES ITINÉRAIRES, dont ils ont
fait uſage. A l'égard des Vents, on les
trouvera déſignés dans la Carte de l'Ancien Monde en plus grand nombre que
ce qu'on croit néceſſaire d'en rapporter
ici. On ſçait que l'Equateur, & l'Axe du
Monde d'un Pôle à l'autre, déterminent
les quatre régions principales des Vents,
qui ont été appelés cardinaux. L'oriental, nommé en latin *Subſolanus*, comme
étant ſous le ſoleil levant, prend par la
même raiſon le nom d'*Apeliotes* chez les
Grecs; l'occidental ſe nomme *Favonius*,
ou *Zephyrus*. Le *Septentrio* eſt nommé
Aparctias par les Grecs; & le *Notus*
répond chez eux à l'*Auſter*, ou au midi.

Le *Boreas* & l'*Aquilo*, qui quelquefois paroissent désigner la plage septentrionale du Monde, étoient plus précisément rangés entre le nord & le levant, tenant à peu-près lieu d'un des quatre Vents appelés collatéraux. L'*Eurus*, ou *Vulturnus*, est de même en place intermédiaire du levant au midi. Le *Corus*, que les Grecs nommoient *Argestes*, répond à notre Maestral entre le nord & le couchant. Du couchant au midi, l'*Africus* est nommé *Libs* par les Grecs, chez qui l'Afrique étoit appelée Libye, & le nom actuel de Lébeche dans la navigation de la Méditerranée en dérive. Entre quelques vents particuliers à différentes contrées, on ne citera que le *Circius* de la Gaule, nommé *Iapyx* à l'extrémité de l'Italie, soufflant du nord-ouest, & qui est notre vent de Cers. Ce qu'il est assez commun de trouver dans les Anciens sous le nom d'*Etesiæ*, ou de vents Etésiens, ne désigne pas proprement une plage du Monde, mais un vent régulier dans une saison, variant dans le point de l'horifon depuis le nord jufqu'au couchant.

Pour ce qui eft des Mefures itinéraires, aucune ne fe préfente plus fréquemment que le *Mille Romain*, qui compofé de 1000 pas, le pas de 5 pieds romains de longueur inférieure à celle du pied de Paris, s'évalue à 756 de nos toifes. L'emploi du *Stade* n'eft guère moins ordinaire; mais, dans l'ufage qu'on en a fait, une diftinction effentielle entre différentes longueurs de ftade, n'a point paru connue antérieurement en Géographie. Le ftade grec, qui faifoit la huitième partie du mille romain, avoit à la vérité prévalu fur d'autres mefures de ftade. Il falloit qu'une application févère & réitérée de diftances données en ftades à des efpaces correfpondans fur le local, fit connoître un ftade, qui ne fe compare qu'à un dixième du mille. Et un autre ftade qui paroît d'un ufage plus ancien, fe réduit même aux deux tiers de ce ftade inférieur au plus grand. Auffi voit-on trois verges fort inégales de stades dans l'échelle que porte la carte de l'ancien Monde. La Perse se servoit de la *Parasange*, dont la mesure a paru convenir à 30 des stades, dont le mille en renfermoit 10. L'Égypte employoit une mesure appellée *Schéne*, composée de 60 des stades les plus courts, & qui revenoit à 4 milles romains. La domination Romaine dans la Gaule avoit souffert, que dans nos provinces, à l'exception de la Narbonoise, la nation se servît d'une mesure qui lui étoit propre; sçavoir celle de *Leuca*, ou de lieue, qui n'étant alors égale qu'à 1500 pas romains, a pris le double de cette étendue, par conformité avec une mesure Germanique appellée *Rasta*, qui est devenue la lieue commune de France d'environ 25 au degré. Elle répond ainsi à trois milles romains, & un plus grand détail d'analyse ne conviendroit qu'à un traité particulier sur les mesures itinéraires.

Il est encore à propos dans ce préliminaire de jetter un coup d'œil sur les Mers en général. Toute l'étendue de celles qui enveloppent le continent de la Terre, étoit comprise sous le nom d'Océan. Dans cette étendue, la mer baignant les côtes de l'Afrique vers le couchant, & peu loin des lieux où s'éleve le Mont Atlas, a pris le nom de *Mare Atlanticum*, & ce nom de Mer Atlantique n'est pas encore hors d'usage en Géographie, dans laquelle cette région du couchant lui fait donner par les Arabes le nom de Mer Ténébreuse. Une autre grande partie de l'Océan, qui depuis la côte orientale de l'Afrique s'étend au midi du continent de l'Asie, & que nous appelons la Mer des Indes, se nommoit *Mare Erythræum*, ou Mer Rouge. Dans les climats reculés vers le nord, le nom de *Mare Pigrum*, ou de Mer sans mouvement, & autre- ment celui de *Mare Concretum*, ou de Mer Glacée, répond à la dénomination actuelle de Mer Glaciale. Le plus grand des golfes que forme l'Océan entre les

A v

continents de l'Europe & l'Afrique, &
pénétrant jusques dans l'Asie, & dont la
connoissance étoit plus familière que celle
des autres Mers aux Auteurs de l'antiquité, n'est quelquefois désigné par eux
qu'en l'appellant *Mare nostrum*, notre
Mer. Le nom de Méditerranée n'étant
usité que récemment, celui d'*Internum
Mare*, de Mer intérieure, est plus conforme à une expression propre à l'antiquité. C'est à la description particulière
des différentes contrées qu'il est réservé
de faire connoître d'autres mers, & les
plus considérables des golfes. On présume
bien que les titres d'*Europa*, *Asia*, *Afri-
ca*, doivent faire une division principale
en cet ouvrage. Sous chacun de ces titres
seront renfermés ceux des régions dominantes en ces parties. Et ces régions éprou-
veront même des subdivisions, comme
ayant séparément leurs parties principales.

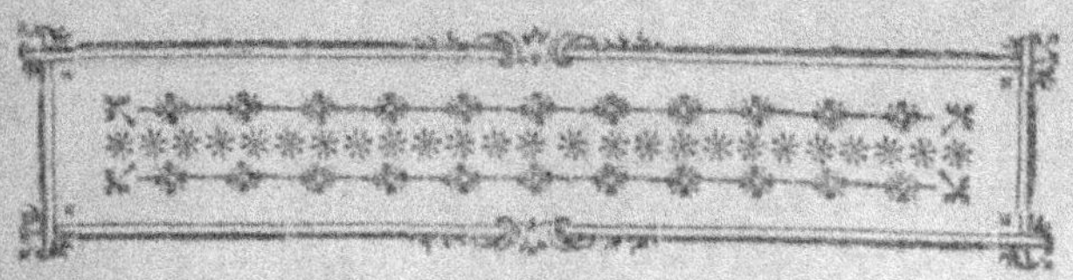

EUROPA.

I. HISPANIA.
TARRACONENSIS.
BÆTICA.
LUSITANIA.

II. GALLIA.
NARBONENSIS.
LUGDUNENSIS.
AQUITANIA.
BELGICA.

III. BRITANNIA,
HIBERNIA.

IV. GERMANIA.
SCANDINAVIA.

A vj

V. RHÆTIA.
NORICUM.
PANNONIA.
ILLYRICUM.

VI. ITALIA.
GALLIA CISALPINA,
ITALIA.
SICILIA. CORSICA.
SARDINIA.

VII. GRÆCIA.
MACEDONIA.
GRÆCIA.
PELOPONNESUS.
CRETA & CYCLADES.

VIII. THRACIA.
MŒSIA.
DACIA.

IX. SARMATIA-
EUROPÆA.

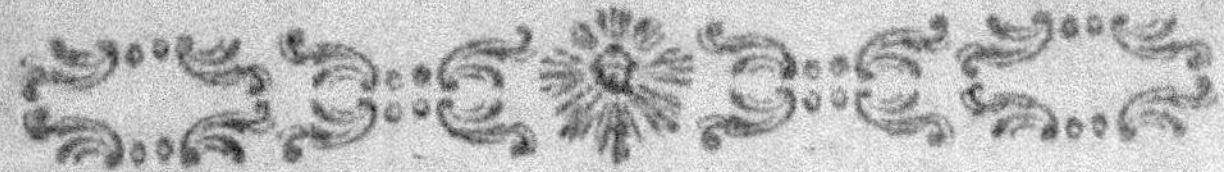

I.

HISPANIA.

En voulant procéder d'occident en orient, l'Espagne se présente la première dans notre continent de l'Europe. Elle est appelée *Iberia* par les Grecs, en tirant ce nom du fleuve *Iberus*, qui ayant son embouchure ouverte dans la Méditerranée, devoit être plus connu de la première antiquité que les autres grands fleuves d'Espagne, qui vont se perdre dans l'Océan. Une situation reculée vers le couchant a fait aussi donner à l'Espagne le nom d'*Hesperia*. Personne n'ignore, que presque enveloppée par la mer, elle est renfermée d'ailleurs par les Pyrénées, qui la séparent de la Gaule. *Iberus*, l'Ebre, est le plus septentrional de ses fleuves. *Durius*, le Duero, ou selon les Portugais Doiro, & *Tagus*, le Tage, qui traverse le milieu de ce continent, dirigent l'un & l'autre leur cours presque parallélement vers le couchant. Dans la partie méridionale, *Anas*, ou Guadi-Ana, & *Bætis*, qui sous la domination des Maures en Espagne, a pris le nom de Guadi-al-Kibir, ou de Grand-fleuve, courent plus obliquement de l'orient vers le midi. *Sucro*, ou le Xucar, qui se perd dans la Méditerranée, & *Minius*, ou le Minho (qui doit se prononcer Migno) ayant son embouchure dans l'Océan plus au nord que Durius, peuvent encore être cités, en omettant actuellement d'autres rivières que le détail qui doit suivre fera connoître. Entre les montagnes dont l'antiquité fait mention en Espagne, le nom d'*Idubeda* s'étend à une longue chaîne, qui du pays des Cantabres vers le nord, continue vers le midi jusque chez les Celtibères. *Orospeda* est un cercle de montagnes, qui enveloppe les sources du *Bætis*. Ce qu'on nomme aujourd'hui Sierra Morena, entre la Castille & l'Andaloufie, tire ce nom de celui de *Marianus mons*. Ce continent formant plufieurs promontoires, on peut en diftinguer trois principaux : *Charidemum* fur la Méditerranée, aujourd'hui Cap de Gata ; *Sacrum*, & *Artabrum* ou *Nerium*, fur l'Océan, dont le premier a pris le nom de Saint Vincent, & l'autre eft le Finifterre. Voilà ce que le local offre de circonftances plus remarquables.

Les Romains, après avoir difputé aux Carthaginois la domination en Efpagne, & foumis enfuite par des guerres de longue durée des Nations Efpagnoles qui fe refufoient à l'obéiffance, diviferent la totalité du pays en deux Provinces diftinguées par le nom de *Citerior* & d'*Ulterior*. Sous Augufte, la Province Ultérieure en forma deux ; l'une appelée *Bætica*, l'autre *Lufitania* ; & la Citérieure fut appellée *Tarraconenfis*, du nom de *Tarraco*, qui étoit métropole. Cette Tarraconoife occupoit toute la partie feptentrionale, depuis le pied des Pyrénées, jufqu'à l'embouchure du fleuve Durius, où fe terminoit la Lufitanie, & l'orientale prefque entière, jufqu'aux confins de la Bétique. Celle-ci tirant fon nom du fleuve Bætis, qui la traverfoit dans fa longueur, bordoit du nord au couchant la rive du fleuve Anas, par lequel elle étoit féparée de la Lufitanie : & cette dernière s'étendoit enfuite fur l'Océan entre l'embouchure de l'Anas & le Durius. Il faut regarder cette divifion de l'Efpagne comme ce qui convient à un état principal & dominant dans l'ancienne Géographie. Ce n'eft que dans un tems poftérieur, & lorfque le nombre des Provinces fut multiplié, en diminuant l'étendue des primitives, ce qui fe rapporte au fiècle de Dioclétien & de Conftantin, que de la Tarraconoife, qui occupoit plus de la moitié de l'Efpagne, furent démembrées deux nouvelles Provinces ; l'une vers les limites de la Bétique, & adjacente à la Méditerranée, & que la ville de *Carthago nova*

fit nommer *Carthaginenfis* ; l'autre fur
l'Océan, au nord de la Lufitanie, & à
laquelle la nation des *Callaici* ou *Callæci*,
dans l'angle de l'Efpagne qui s'avance vers
le nord-oueft, fit donner le nom de *Cal-*
læcia, qui fubfifte dans celui de la Ga-
lice. Indépendamment de cette diftinction des Provinces, l'Efpagne fous le
Gouvernement Romain fe trouve partagée en Jurifdictions, appellées *Conven-*
tus, & on en compte quatorze, formées
chacune de l'union de plufieurs villes,
qui tenoient leurs affifes dans une ville
principale de chaque diftrict. Décrivons
maintenant chacune des Provinces en particulier.

TARRACONENSIS.

A la defcente des Pyrénées, le pays
qui répond à la Catalogne d'aujourd'hui
renferme plufieurs peuples, dont on peut
voir les noms & l'emplacement dans la
partie occidentale du Monde Romain.

On citera les *Ceretani*, parce qu'ils ont donné le nom à ce qu'on appelle la Cerdagne. Une ville fondée fur la côte par les Marfeillois fous le nom d'*Emporiæ*, eft la première qui fe préfente, entre celles dont on croit devoir faire ici mention préférablement à plufieurs autres. Un mur dans cette ville y féparoit l'habitation des *Indigetes*, naturels du pays, d'avec les Grecs étrangers. Le lieu eft connu par le nom d'Ampurias, & les environs fe diftinguent fpécialement par celui d'Ampurdan, dérivé de *Pagus Emporitanus*. *Gerunda*, Girone, eft aujourd'hui une place de confidération en ce canton. *Aufa*, qui donnoit le nom à un peuple, eft Vic de Ofona, vulgairement Vique. *Barcino*, qui fous le nom actuel de Barcelone, eft la ville dominante, cédoit cet avantage à *Tarraco*, ou Tarragone, qui a confervé la dignité de métropole dans le gouvernement Eccléfiaftique. Une rivière que reçoit la mer près de Barcelone, tire fon nom de Lobregat

de celui de *Rubricatus*. *Dertofa*, un peu
au-deffus de l'embouchure de l'Ebre, eft
connue fous le nom de Tortofe. Dans les
terres, les *Ilergetes*, à la rive droite du
Sicoris, ou de la Segre, qui fe rend dans
l'Ebre, tenoient *Ilerda*, qu'une expédition de Céfar a illuftrée, & qui eft encore une importante place fous le nom
de Lerida. *Bergufia* prend fa place de
Balaguer, plus haut fur le même fleuve.
En fortant des bornes de la Catalogne,
il faut dans le nord de l'Aragon citer
Ofca, ou Huefca, & la ville des *Iacce-*
tani, ou Jaca, au pied des Pyrénées.
Une grande nation, dont le nom en paffant les montagnes, eft devenu propre
à une province de l'ancienne Gaule, les
Vafcones occupoient ce qui poftérieure-
ment s'eft appelé la Navarre. *Pompelo*,
ou Pamplune, à la defcente des Pyrénées, *Calagurris*, ou Calahorra, fur la
rive méridionale de l'Ebre, étoient
leurs villes principales. Vers les fources
de l'Ebre, & en atteignant le rivage
de l'Océan, les *Cantabri*, divifés en plu-

fieurs peuples ou cantons , & qui dé-
fendirent long - tems leur liberté (*) ,
s'étendoient dans la Bifcaye , & dans
une partie des Afturies. On juge de
leur ancienne férocité , par ce qui eft
dit d'un peuple faifant partie de la nation
fous le nom de *Concani* , d'avoir pour dé-
lice de boire du fang de cheval. Une ville
fituée au pied des montagnes où l'Ebre
prend fa fource , fut appellée *Juliobriga*.
Les opinions font partagées fur le lieu
d'une ville maritime nommée *Flaviobriga*.
Cette terminaison de *briga* , répétée dans
bien des noms de lieu en Efpagne , dé-
fignoit une ville dans la langue du pays.

Aux Cantabres vers le couchant étoient
contigus les *Aftures* , qui fe fignalerent
par leur réfiftance à fubir le joug. En les
faifant defcendre des montagnes dans un
pays de plaine , une ville fut fondée fous
le nom d'*Afturica Augufta* , qui fe conferve dans celui d'Aftorga. Une colonie
établie en ce canton , & nommée *Legio
feptima gemina* , eft l'origine de la ville de

<hr>

(*) *Cantaber ferd domitus catenâ.* Horace.

Leon. Une des principales chez cette nation, & nommée *Lancia*, en étoit peu éloignée. On ne peut se dispenser de dire, que par le peu de connoissance où l'Espagne nous laisse jusqu'à présent sur le local du Royaume de Leon & de la Vieille-Castille, on est privé en cette partie de toute lumière, pour retrouver différentes places, qui dans l'Histoire, indépendamment des monumens géographiques, sont citées de manière à faire desirer d'en connoître la position. La capitale actuelle des Asturies, Oviédo, remplace en dignité, si ce n'est pas en situation précisément, une ancienne ville appellée *Lucus Asturum*. Le canton des *Pæsici* étoit une péninsule, ou ce coin de terre que termine le cap nommé Peñas de Puçon, & *Flavionavia* étoit leur ville. Enfin, les *Callaici* terminoient cette bande septentrionale que nous parcourons dans la Tarraconoise. On y voit deux villes dominantes, & l'une & l'autre chef-lieu d'un *Conventus* particulier, *Br...*

cara Augusta, ou Braga, & *Lucus Augusti*, ou Lugo. Le promontoire remarquable, comme étant la terre du continent de l'Espagne la plus élevée vers le nord, paroît dans l'antiquité sous le nom de *Trileucum*, que remplace actuellement celui d'Ortiguera, ou selon l'usage vulgaire Ortegal. Il a été parlé précédemment de l'*Artabrum*, plus remarquable encore en répondant au Finisterre. Dans l'intervalle de ces promontoires, le *Magnus portus* semble convenir à la Corogne, & *Brigantium* se rapporter à Betanços. Une ville nommée *Iria Flavia*, paroît avoir existé dans le lieu actuellement nommé Padron. Entre plusieurs lieux distingués par des eaux minérales, *Aquæ Origines*, & *Aquæ Flaviæ*, sont Caldas d'Orense, & Chavés. *Tyde* est Tui, peu au-dessus de l'embouchure du Minho. Entre Minho & Doiro, un petit fleuve nommé *Limius*, aujourd'hui Lima, étoit aussi appellé *Lethe* & fleuve d'oubli dans l'antiquité. Sur le Doiro, près de

ſon embouchure , *Calle* , appelé actuellement Porto , eſt remarquable , en ce
que de la jonction de ces noms, Porto
& Calle , s'eſt formé celui du Portugal ,
limité primitivement à l'étendue d'un
Comté , dont un Prince ſorti de la Mai-
ſon de France fut inveſti par un Roi de
Leon.

Le cours du fleuve Durius en le remontant , nous fait trouver la nation des
Vacæi , & celle des *Arevaci*. Entre les
villes dont l'antiquité fait mention dans
la première , qui étoit contiguë aux Aſ-
tures , *Pallantia* eſt la poſition qui ſe fait
le mieux connoître dans le nom exiſtant
de Palencia. Une rivière qui traverſe
ce canton du nord au midi , a tiré du
nom de *Piſoraca* (donné par une inſcription) celui de Piſuerga. On n'eſt
point trop aſſuré , que la ſituation de
Valladolid , vers le bas de cette rivière ,
réponde préciſément à celui d'une ville
ancienne nommée *Pintia*. Simancas qui
n'en eſt pas loin , tire ſon nom de *Septi-
manca*. Les *Arevaci* , devant celui qui les

diſtingue à une rivière nommée *Areva*, qui tombe dans le Duero ſur la rive méridionale, occupoient un territoire partagé entre les deux côtés de ce fleuve. La plus conſidérable de leurs villes, à en juger par la prérogative de chef-lieu d'un *Conventus*, étoit *Clunia*, dont il ſubſiſte des veſtiges ſous le nom de Corugna, à quelque diſtance au nord du fleuve, un peu au-deſſus d'Aranda. Il ne ſauroit être mention de la ville qui tient aujourd'hui le premier rang dans la Vieille-Caſtille, parce que Burgos n'a commencé à paroître que ſous les comtes qui ont précédé les rois en Caſtille. *Rauda* & *Uxama*, ſont Roa & Oſma. Mais en remontant plus haut, *Numantia* s'eſt illuſtrée plus que toute autre ville, par une réſiſtance de quatorze ans à de grandes armées Romaines. Un hiſtorien, Eſpagnol de nation (*), qui l'appelle *Hiſpaniæ decus*, l'honneur de l'Eſpagne, en attribue la défenſe aux Celtibères; & une nation

(*) *Florus.*

ſous

fous le nom de *Pelendones*, vers les fources du fleuve Durius, eſt mentionnée
comme Celtibérienne. C'eſt près de ce
fleuve, peu loin de ſon origine, & au-
deſſus de la ville de Soria, qu'on a reconnu l'emplacement qu'occupoit Numance. Quoique détruite de fond en
comble par Scipion Emilien, il faut
croire, puiſqu'il en eſt mention comme
exiſtante pluſieurs ſiécles après, qu'une
nouvelle ville y avoit été conſtruite. *Termes*, alliée de Numance, conſerve le
nom de Tiermés, ſans population. Dans
la partie ultérieure du territoire des Arevaques, *Cauca* & *Segovia* conſervent leur
nom. On trouve *Segontia*, aujourd'hui
Siguenza, à l'entrée de la Nouvelle Caſtille, comme étant du même peuple.
Une des plus puiſſantes nations de l'Eſpagne, & qui ſoutint long-tems la guerre
contre les Romains, les *Celtiberi*, chez
qui on remarque un nom d'origine joint
à celui du pays où ils étoient venus s'éta-

blir (*), s'étendoient depuis la rive droite
ou méridionale de l'Ebre , fort avant
dans l'intérieur de la Tarraçonoise. Au
centre de la contrée , une de leurs villes
principales nommée *Ergavica* , existoit
entre des montagnes , près de la petite
rivière de Guadiela , que reçoit le Tage
vers le haut de son cours. En s'approchant
de l'Ebre , *Bilbilis* , près d'une rivière
nommée *Salo* , aujourd'hui Xalon , &
partie du poëte Martial , ne se connoît
plus que par le nom de Baubola , dans
le voisinage d'une ville nouvelle , & construite par les Maures , qui est Calatayud.
Turiaso existe encore dans Taraçona, *Cas-
cantum* dans Cascante , qui n'en est pas
loin. Vers la partie méridionale de la Celtibérie , la position d'une colonie nommée *Valeria* , se retrouve dans le nom de
Valera , que conserve un petit lieu dans
le canton de la Nouvelle Castille , qui
est appellé la Manche ; & le nom actuel
d'Iniesta en ce même canton , répond

(*) *Celtæ miscentes nomen Iberis.*

également à celui d'*Egelesta*. *Lobetum*, qui paroît avoir eu son territoire parti- culier, entre les Celtibères & la nation dont on va parler, conviendroit au dis- trict de Requena.

A côté des Celtibères, les *Edetani* s'étendoient depuis l'Ebre jusqu'au fleuve *Sucro*, ou Xucar. *Cæsaraugusta*, Saragoce, chef-lieu d'un *Conventus*, & qui se nom- moit auparavant *Salduba*, étoit à l'extré- mité septentrionale de ce grand terri- toire. *Celsa*, qui plus bas avoit un pont sur l'Ebre, est connue par le nom de Xelsa. A l'extrémité opposée ou méri- dionale, on distingue *Saguntus & Va- lentia*. Sagunte, détruite par Annibal, rétablie par les Romains, conserve des vestiges dans un lieu, dont le nom ac- tuel de Murviedro vient du latin *muri veteres*, les vieux murs. La rivière qui passe à Valence, nommée autrefois *Tu- ria*, a pris sous la domination des Maures le nom de Guadalaviar. Une ville no- table du Royaume de Valence, rappelle dans le nom de Ségorbe celui de *Sego-briga*, dont il eſt mention dans le détail des villes du *Conventus Carthaginenſis*, en ajoutant que c'eſt la capitale de la Celtibérie, ce qu'on n'admettra aiſément à l'égard de Ségorbe, qu'en ſuppoſant que les Celtibères dans un état primitif de puiſſance pouvoient dominer ſur les *Edetani*. Ce nom d'*Edetani* paroîtroit dériver d'une ville nommée *Edeta*, qu'un autre nom qu'elle portoit, ſavoir *Leria*, nous fait connoître, parce qu'il ſubſiſte dans un lieu ſitué à la hauteur de Sagunte, & peu loin de Valence. Le nom de Teruel fait connoître la poſition de *Turbula*. Dans une partie maritime, & vers les bouches de l'Ebre, étoient les *Ilercaones*, auſquels *Dertoſa* eſt attribuée. Une ville en ce canton, nommée *Indibilis*, prendroit la poſition d'un lieu dont le nom eſt Xert, dans la direction d'une ancienne voie de Tortoſe à Sagunte. Sur la côte, on remarque que la dénomination greque de *Cherſoneſus*, ſubſiſte dans celle de Peniscola, tirée du latin *Peninsula*.

Mais il faut actuellement revenir par la Celtibérie, pour entrer chez les *Carpetani*, que les Celtibères avoient derrière eux, dans le centre du continent de l'Espagne. *Toletum*, Tolede, étoit leur ville principale. Ce n'est que par conjecture qu'on a appliqué à Madrid, qui est une ville nouvelle, le nom de *Mantua*, que l'on trouve dans l'antiquité entre les villes de cette nation. On convient de rapporter à Alcala, dont le nom est Arabe, le *Complutum* du même territoire. *Contrebia*, dont il est mention dans l'histoire, a laissé des vestiges dans un lieu nommé Santavert. Des champs fertiles en Cumin indiquent le *Vicus Cuminarius* à la Zarza. Il semble que le nom des *Olcades*, qui avoient une ville nommée *Altœa* soit conservé dans Orgaz. On croit voir le nom de *Libora* dans celui de Talavera sur le Tage. *Confaburus* est en position évidente dans Confuegra. Vers les sources de l'Anas, & dans une partie de l'Orospeda, étoient les *Oretani*, qui tiroient leur nom d'une ville nommée *Oretum*, dont on a déterré pour ainsi dire l'emplacement dans un très-petit lieu, auquel le nom d'Oreto est resté. On peut dire qu'ils s'étendoient aussi dans la Bétique, en possédant *Castulo* sur le Bætis. *Laminium*, qui étoit placé peu loin de la source de l'Anas, devoit entrer dans leur territoire, plutôt que d'appartenir aux *Carpetani*; & on retrouve *Libisosa* dans Lesuza. En poussant ensuite jusqu'à la mer, les *Contestani* occupoient ce qui fait aujourd'hui la partie méridionale du royaume de Valence, & le royaume de Murcie. *Carthago nova*, Carthagene, que l'avantage d'avoir un beau port, & celui de sa situation pour être une entrée toujours ouverte en Espagne, fit construire par les Carthaginois, auxquels elle fut enlevée par le plus illustre des Scipions, étoit bien la ville principale en ce canton. *Sætabis* est Xativa, sur une petite rivière qui tombe dans le Xucar. *Dianium*, ville maritime, & qui communiquoit son nom à un promontoire voisin,

conferve ce nom dans celui de Denia.
Lucentum a fubfifté fous le nom de Li-
cant, qui felon l'ufage actuel eft Ali-
cante. *Ilicis* eft Elche, *Orcelis* Orihuela.
On applique *Vergilia* à la pofition de
Murcie, quoiqu'il ne foit mention de
cette ville que depuis l'invafion des Maures. Cette bande de terre maritime étoit
appelée *Spartarius campus*, d'une efpece
de joncs qui y croît en abondance. Un
autre peuple, les *Baftitani*, s'étendoient
dans cette extrémité de la Tarraconoife :
Ils paroiffent même y avoir été compris,
quoique d'un autre côté placés fur les
fources du Bætis, cette circonftance les
établiffe naturellement dans la Bétique,
où il fera queftion d'en faire mention
particulièrement. *Ilorcis*, ou Lorca, fe
range dans ce territoire.

Mais, avant que de s'engager dans les
limites de la Bétique, il faut parler des
ifles adjacentes à la Tarraconoife, & qui
dans l'augmentation du nombre des provinces, tinrent lieu d'une province en

particulier. Le nom de *Baleares*, ou celui de *Gymnesiæ* selon les Grecs, ne s'étendoit qu'aux deux isles *Major & Minor*, Maillorque & Minorque. Elles étoient occupées par des Phéniciens avant que les Romains en fissent la conquête, & on sait que les habitans de ces isles étoient fort distingués par leur habileté à se servir de la fronde. La ville principale de la première conserve le nom de *Palma*. La position qu'occupoit une autre ville nommée *Pollentia*, est connue près d'une ville construite par les Maures sous le nom d'Alcudia. Quant à Minorque, le nom qu'un général Carthaginois avoit donné au *Portus Magonis*, est peu altéré dans celui de Port-Mahon. *Ebusus*, ou Iviça, & *Ophiusa*, ou Serpentaire, qui est Formentera, presque adhérante à Ivice, étoient séparément des Baleares, appellées en Grec *Pityusæ*, ou isles des Pins.

BÆTICA.

Cette Province, qui comme nous l'avons dit précédemment, traversée par le fleuve *Bætis* en tiroit son nom, se distinguoit des autres provinces de l'Espagne par les richesses de son fond, & par sa fertilité. Le nombre des villes qu'elle contenoit, & dans des limites assez étroites, quatre districts de Jurisdictions ou *Conventus*, sont des témoignages d'abondance & de population. Elle fut aussi la première connue, par les avantages que les Phéniciens y trouverent pour leur commerce. Son étendue répond assez précisément à la partie de l'Espagne reculée vers le midi, & qui a pris le nom d'Andalusie, dérivé de *Vandalitia*, que les Vandales avant que d'être contraints par les Goths de passer en Afrique, laisserent à cette contrée. Entre les peuples qu'elle renfermoit, les *Turdetani* occupoient le plus grand espace, en remontant de la mer sur les rives du Bætis.

Au-deſſus d'eux étoient les *Turduli* ; & le canton auquel le fleuve doit ſon origine, appartenoit aux *Baſtitani*, qui paroiſſent enlevés à la Bétique ainſi proprement dite, ſi on les donne à la Tarraconoiſe. Le long de la mer, en dedans du *Fretum* ou détroit, qui ſépare l'Eſpagne d'avec l'Afrique, étoient les *Baſtuli*, ſurnommés *Pæni*, d'un nom propre à la nation Phénicienne en général, comme il eſt appliqué à la Carthaginoiſe en particulier. Un canton écarté de la mer, & bordant la rive gauche du fleuve Anas, étoit diſtingué par le nom de *Bæturia*, ſans être propre à une nation particulière.

Pour entrer dans un plus grand détail, ſuivons le cours du fleuve, depuis ſa ſource dans le *Saltus Tugienſis*, qu'un lieu nommé *Tugia*, aujourd'hui Toia, faiſoit ainſi appeler. *Baſti*, qu'on peut croire avoir donné le nom aux *Baſtitani*, eſt Baza. *Acci* conſervoit ſon nom ſous les Maures en celui de Guadi-Acci, duquel s'eſt formé le nom actuel de Guadix. Un petit lieu appellé Cazlona , sur la rive droite du Bætis , nous fait connoître *Castulo* , qui étoit une place de considération. Un peu plus bas , *Illiturgi* avoit sa position près d'Andujar. *Corduba* , en suivant toujours la même rive , chef-lieu d'un *Conventus* , & qui devoit sa fondation aux Romains , ne cédoit en grandeur à aucune autre dans la Bétique ; & on sait que Cordoue a servi depuis de résidence aux grands Emirs des Maures , qui avoient conquis l'Espagne sur les Goths. Cette ville tire une autre illustration d'avoir produit les deux Séneques & Lucain. A quelque distance de la gauche du Bætis , sur le fleuve *Singilis* , aujourd'hui Xenil , *Astigis* , ville principale d'un *Conventus* , subsiste dans Ecija. *Urso* est Ossuna , & en approchant de Séville , *Carmona* n'a rien de changé dans son nom. *Hispalis* , ayant la même dignité dans un *Conventus* , n'a conservé ce nom qu'avec altération dans celui de Séville ; & il faut en même temps parler de l'ancienne poſition d'*Italica*, patrie de l'Empereur Trajan, dans le lieu qu'on nomme Sevilla la Vieja, à environ une lieue en remontant ſur la rive oppoſée. Au-deſſous de Séville, le Bætis auquel on ne connoît actuellement qu'une ſeule embouchure, ſe diviſoit en deux bras juſqu'à la mer, embraſſant une iſle, qui dans la haute antiquité étoit célebre ſous le nom de *Tarteſſus*. *Nebriſſa*, aujourd'hui Lebrixa, & *Aſta*, ſurnommée *Regia*, dont il ne reſte que le nom ſur le terrain qu'elle occupoit, étoient adjacentes au bras du Bætis qui n'exiſte plus. En rangeant la côte au couchant du Bætis, *Onoba* répond à Moguer; & du nom d'*Ilipula* s'eſt formé celui de Niebla, dont la poſition eſt au-deſſus dans les terres. On auroit un grand nombre de lieux à citer dans la Bétique en général d'après l'antiquité. Mais, nous ferons mention de *Siſapo*, que l'on peut préſumer avoir été compris dans les limites de la Béturie, & recommandable par ſes mines, qui font de *minium*, ou de vermillon ; & ce lieu fe fait affez connoître par le nom actuel d'Almaden, qu'il a reçu des Maures, Maaden en langue arabe étant le terme propre à défigner des mines.

Il faut pour terminer ce qui concerne la Bétique, fuivre la côte, qui en s'éloignant de l'embouchure du Bætis, & après avoir fait un des côtés du *Fretum Gaditanum*, borde la Méditerranée. *Gadir* ou *Gades* devoit fa fondation aux Tyriens, dans une ifle de peu d'étendue, mais jointe par une chauffée à une plus grande ifle, que fépare de la terre ferme un canal femblable à celui d'une rivière, & à l'ouverture duquel dans la mer, un monticule ifolé portoit un temple confacré à Hercule, la grande divinité du peuple fondateur de cette ville de Cadiz. Sa pofition fur l'Océan au - delà du détroit, & un des plus beaux ports que l'on connoiffe, étoient de trop grands avantages pour ne pas faire une ville de grande confidération, qui prit de nouveaux ac-

croiſſemens ſous la domination Romaine,
& fut le chef-lieu d'un *Conventus*. Sur le
détroit, la poſition de *Bælon*, où l'on
s'embarquoit ordinairement pour paſſer
à Tingis en Afrique, ſe fait connoître
par le nom de Balonia, quoique le lieu
ſoit aujourd'hui ſans habitation. On ſçait
qu'à l'iſſue du *Fretum* pour entrer dans la
Méditerranée, s'élevent deux montagnes
en oppoſition l'une à l'égard de l'autre,
Calpe en Europe, *Abila* en Afrique, &
que ces montagnes ont repréſenté les
colomnes d'Hercule, au travail duquel
les fables de l'antiquité attribuoient l'ouverture du détroit qui donnoit entrée
dans l'Océan. On ſçait encore que *Calpe*
eſt le Gebel Tarik, ainſi nommé par les
Maures, & qui par l'altération de ce
nom eſt aujourd'hui Gibraltar. Au fond
d'un golfe que cette montagne couvre au
levant, il exiſtoit autrefois une ville nommée *Carteia*, avec laquelle paroît ſe confondre celle dont l'antiquité fait auſſi
mention ſous le nom de *Calpe*. En s'ap-

prochant de *Malaca*, ou Malaga, mais à quelque distance de la mer, *Munda*, qu'une victoire remportée par César a illustrée, conserve son nom ; & le nom actuel d'Antequera pareillement dans les terres, rappelle celui d'*Anticaria* sur une voie Romaine. Des inscriptions qui y ont été trouvées feroient croire que c'étoit un lieu dépendant de *Singilis*, ville de même nom qu'un fleuve, & qu'on croit avoir existé sur ce fleuve, qui est le Xenil, dans le lieu actuel de Puente de Don-Gonzalo. La ville principale dans l'intérieur de ce canton, qui répond au royaume de Grenade, étoit *Eliberis*, dont une montagne voisine a conservé le nom, en s'appellant Sierra Elbira. Quant à la ville de Grenade, qui est peu distante, c'est aux Maures qu'elle doit sa fondation & son état. Des villes qui étoient maritimes, *Menoba*, *Salambina*, *Abdera*, sont nonobstant l'altération de leur nom, Almuñecar, Salobreña, Adra. Le nom actuel d'Almeria,

dont la forme du tems des Maures a été
Merja ou al-Merja, remplace l'ancienne
dénomination de *Murgis*. Enfin, sur les
limites communes de la Bétique & de la
Tarraconoise, on connoit les vestiges
d'une ville qui se nommoit *Urci*, peu
loin de Vera près de la mer.

LUSITANIA.

Dans la division générale de l'Espagne
en provinces, on a vu que celle dont il
nous reste à parler dans le détail, s'étend
du fleuve Anas au Durius, en bordant
le rivage de l'Océan. Le Tage qui coupe
cette étendue de pays par le milieu, séparoit deux grandes nations. Celle des
Lusitani, dont le nom fit celui de la province entière, occupoit ce qui est au
nord du Tage; & dans un premier état,
n'étant point bornée par le Durius, elle
empiétoit sur le territoire qui dans l'extension donnée à la Tarraconoise, a été
celui des *Callaici*. Le joug de la domina-

tion romaine fut un avantage pour cette
nation Lusitanique, dont il est parlé
comme vivant de brigandage sur ses voisins, avant que de se voir obligée de
s'appliquer à la culture des terres. On
connoit assez *Olisipo* dans la position de
Lisbone, en reléguant au pays des fables
l'application de ce nom à celui d'Ulisse.
De deux promontoires qui embrassent le
golfe dans lequel le Tage vient se rendre, le plus avancé en mer, & qui dans
le continent de l'Europe est le point de
terre le plus occidental, sous le nom de
Roca de Sintra, étoit appelé *Magnum
promontorium*. En remontant le Tage sur
la même rive que Lisbone, *Scalabis*,
ville distinguée en qualité de chef-lieu
d'un des trois *Conventus* qui partageoient
la Lusitanie, a pris le nom de Sainte
Irène, dont l'usage vulgaire a fait San-
tarem. Il faut dire en passant, qu'un lieu
situé vis-à-vis sur l'autre rive du Tage,
& dont le nom est al-Merim, paroît être
celui de *Moron*, dont un général Romain

qui foumit les Lufitains, avoit fait fa place d'armes. En montant vers le nord, une ville célebre en Portugal par fon Univerfité, Coimbre eft *Conimbriga*, & le fleuve nommé *Monda* dans l'antiquité, eft le Mondego qui paffe à Coimbre. *Talabriga* prend la pofition actuelle de Torocas, fur une petite rivière dont le nom de *Vacua* eft aujourd'hui Vouga. Il faut dire de *Lama*, qu'on eft tenté par la reffemblance du nom, de lui donner la pofition de Lamego, en remarquant néanmoins que cette ville eft attribuée par Ptolémée à une autre nation que celle des Lufitains, & dont nous allons parler. Si on s'éloigne de la mer, plufieurs villes dont on peut faire mention, fe rencontrent fur des limites indéterminées entre la nation qui a donné le nom à la Lufitanie, & une autre grande nation, les *Vettones*, que comprenoit la même province, & dont le diftrict s'eft étendu depuis le Durius, en paffant au-delà du Tage, jufqu'à l'Anas. On voit deux villes du nom de *Lancia* , l'une furnommée *Oppidana* , l'autre *Tranfcudana* à l'égard de la première , & ce dernier furnom étoit relatif à une petite rivière qui tombe dans le Durius , & nommée *Cuda* , aujourd'hui Coa. On eftime que l'*Oppidana* conviendroit à la ville d'a-Guarda , & que Ciudad-Rodrigo remplaceroit la *Tranfcudana.* Pour ce qui eft d'une autre ville nommée *Igædita* , au territoire de laquelle on eft informé que le territoire de la première *Lancia* confinoit , on fçait que c'eft l'Idanha , que le furnom de velha diftingue d'une Idanha nova. Sur la frontière de la nation des Arevaques, dont il a été parlé dans la Tarraconoife, *Salmantica* eft une pofition bien connue dans celle de Salamanque. *Banienfes* & *Caurium* fe retrouvent dans Baños & Coria. Mais , il faut parler de *Norba Cæfarea* , qu'une opinion affez générale rapporte à la pofition d'Alcantara. Un pont fur le Tage , & dédié par plufieurs villes à l'Empereur Trajan , a donné lieu du tems des Maures à cette dénomination moderne, *Cantar* dans la langue arabe étant le terme propre à désigner un pont. En s'éloignant du Tage, on rencontre *Castra Cæcilia* dans l'emplacement de Cacerés. Sur la rive du fleuve Anas, par lequel la Lusitanie étoit séparée de la Béturie, partie de la Bétique, *Emerita Augusta*, colonie de soldats émérites ou vétérans, fondée par Auguste, chef-lieu d'un *Conventus*, & résidence d'un propréteur gouvernant cette province, conserve son nom presque pur dans celui de Merida. La nation des *Turduli*, que l'on a vue établie dans la Bétique, s'étendoit jusque-là, avant que cette ville paroisse attribuée aux *Vettones*. Une autre colonie, en remontant un peu plus haut, *Metallinum*, se fait assez connoître dans le nom actuel de Medellin.

Il nous reste à parler de la partie méridionale de la Lusitanie, bordant le rivage de l'Océan entre le Tage & l'Anas. Elle étoit occupée par les *Celtici*, qui paroiſſent même avoir quelques poſſeſſions ſur la rive ultérieure de l'Anas. On peut ajouter, qu'une partie détachée de cette nation s'étoit cantonnée fort au loin dans le voiſinage du Finiſterre, qui outre le nom d'*Artabrum* étoit auſſi appelé *Celticum*. La principale des villes, à en juger par la dignité de chef-lieu d'un *Conventus*, en ce canton de la Luſitanie qui fait notre objet actuel, eſt *Pax Julia*, dont le nom altéré du tems des Maures en celui de Bakilia, eſt aujourd'hui méconnoiſſable dans Béja. Le nom d'*Ebora* eſt conſervé dans Evora, au nord de Béja ; & en s'élevant encore plus au nord, *Meidobriga* étoit une place voiſine du mont *Herminius*, & dont il reſte des veſtiges ſous le nom d'Armenha, tout près des limites que prend le Portugal. Mais, en tournant vers le midi, *Myrtilis* ſubſiſte dans Mertola, ſur le bord du Guadiana. Si l'on tend vers la côte, on reconnoît *Salacia* dans le nom d'Alcacerdo-ſal, qui ſignifie le château de la Ꞩa-

line. Sur le bord de la mer, près de Se-
tubal, étoit *Ceto-briga*, que l'on croiroit
avoir tiré son nom des pescheries qui
sont aux environs. L'extrémité du continent de l'Espagne en cette partie, qui
forme un triangle assez aigu, étoit appelée d'un terme latin *Cuneus*, le coin;
& c'est ce qui a pris le nom d'Algarve,
qui vient des Maures, *Garb* en langue
arabe désignant le couchant, & le nom
de Garbino employé sur la Méditerranée
pour un vent latéral du ponant vers le
sud, en étant dérivé. L'opinion du vulgaire chez les anciens, que vis-à-vis du
Sacrum promontorium, aujourd'hui Cap
de Saint-Vincent, qui est la pointe de
l'Algarve, le soleil terminant sa course
se plongeoit dans la mer, faisoit distinguer particulièrement cette pointe de
terre entre les plus avancées vers le couchant. Pour ce qui est des villes du *Cuneus*, *Lacobriga* existoit auprès de Lagos,
Ossonoba près de Faro, & on estime que
Balsa conviendroit à Tavira, que suit à

peu de distance l'embouchure de l'Anas ,
terme de la Lusitanie. On connoît l'usage
qui se fait du terme de *Lusitania* pour
désigner le Portugal ; & en effet , la plus
grande partie de ce royaume s'y rapporte.
Mais on peut remarquer, que le Portugal
sortant d'un côté des limites de la Lusitanie par deux de ses provinces , qui sont
au nord du Doiro , il ne comprend point
d'un autre côté l'extension de la Lusitanie
chez les Vettones , ensorte que Mérida ,
ville autrefois dominante en cette province Romaine , ne soit point une ville
Portugaise,

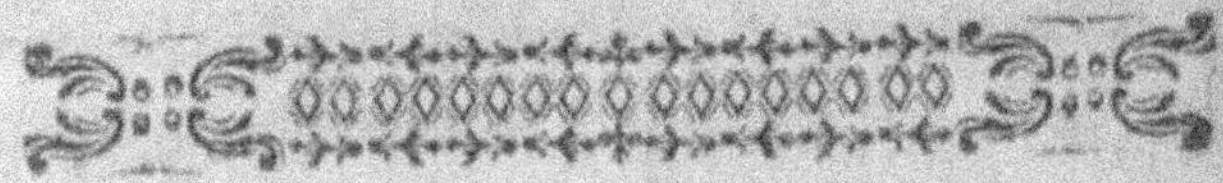

II.

GALLIA.

La Gaule bornée par la mer depuis le nord jusqu'au couchant, n'étoit limitée du côté oriental que par le Rhin, dans toute l'étendue de son cours, en remontant jusque vers les sources de ce fleuve. La chaîne des Alpes succédoit jusqu'à la Méditerranée. Le bord de cette mer, & ensuite les Pyrénées, terminoient la partie méridionale. Selon ces limites, on pourra remarquer que la France ne remplit pas toute l'étendue de l'ancienne Gaule, du côté du Rhin & des Alpes. Il y a peu de pays qui soient aussi avantageusement coupés par des rivières. Et pour en donner quelque détail, à partir du Rhin que l'on vient de citer, *Mosella* se rend dans ce fleuve ; & *Mosa*, la Meuse ;

la Meuse, coulant vers le nord comme le Rhin, reçoit avant que d'arriver à la mer, un bras émané du fleuve sous le nom de *Vahalis*. *Scaldis*, l'Escaut, est lié vers son embouchure à celle de la Meuse. En quittant la partie septentrionale de la Gaule, *Sequana*, la Seine, dans laquelle entr'autres rivières, *Matrona*, la Marne, vient se rendre ; & après un assez long intervalle, *Liger*, la Loire, courant au nord pour se replier vers le couchant, grossie par l'*Elaver*, ou l'Allier ; ensuite *Garumna*, la Garonne, qui près de former une grande embouchure, reçoit le *Duranius*, ou la Dordogne ; enfin, *Aturus*, ou l'Adour, près des Pyrénées, sont les rivières que l'on peut citer préférablement à d'autres, que la grande mer du couchant de la Gaule reçoit également. Du côté de la Méditerranée, *Rhodanus*, le Rhône, entraîne avec lui trois rivières qui sont à nommer, *Arar*, ou la Saône, *Isara*, l'Isere, *Druentia*, la Durance. Si l'antiquité connoît en

Gaule d'autres rivières moins considérables, ou que l'on s'abstient de citer actuellement, la description du pays dans
le détail donnera occasion d'en indiquer
quelques-unes. Pour ce qui est des montagnes dont on ait à faire mention, *Ce-*
benna conserve son nom dans celui des
Cévennes, *Jura* n'en a point changé, &
Vogesus est la Vosge. Des rameaux détachés de la cime principale des Alpes, &
qui couvrent de grands espaces, ont
communiqué le nom d'*Alpes* à des provinces particulières de la Gaule. Sur la
côte qui borde la mer, le *Gobæum pro-*
montorium, qui est le Finis-terre de la
Bretagne, & l'*Itium* qui resserre le détroit appellé le Pas de Calais, sont ceux
que nous fournit l'antiquité.

Trois grandes nations, *Celtæ*, *Belgæ*,
Aquitani, distinguées par le langage comme par les coutumes, partageoient entre
elles toute l'étendue de la Gaule : mais
d'une manière fort inégale. Les Celtes
en occupoient plus de la moitié, depuis

la Seine & la Marne, jusqu'à la Garonne, s'étendant au levant jusqu'au Rhin vers la partie supérieure de son cours, & au midi jusqu'à la Méditerranée. Ils étoient aussi plus Gaulois que les autres. Car, les Belges reculés vers le nord, & bordant la partie inférieure du Rhin, étoient mêlés de nations Germaniques ; & les Aquitains resserrés entre la Garonne & les Pyrénées, avoient quelque affinité avec les nations Ibériennes ou Espagnoles voisines de ces montagnes. Il faut dire encore, que le nom de *Celtæ* & de *Celtica* s'étendoit à la Gaule en général, & qu'étant celui que se donnoit la nation même, c'est des Romains que venoit l'usage de la dénomination de *Galli* & de *Gallia*. La politique de Rome d'avoir des alliés hors des limites de ce qui lui obéissoit, & le prétexte de secourir la ville de Marseille & le peuple Eduen, firent entrer les armes Romaines dans la Gaule, six vingt ans avant l'Ere chrétienne. Cette première tentative mit Rome en possession d'une province, qui bordant la rive gauche du Rhône jusqu'à la mer, s'étendoit de l'autre côté jusqu'aux Cévennes, & le long de la mer jusqu'aux Pyrénées. Elle ne fut d'abord distinguée que par le terme générique de *Provincia*, si ce n'est que l'usage d'un vêtement qui habilloit les cuisses la faisoit aussi nommer *Braccata*, en même tems que le nom de *Comata* étoit donné à la Celtique, parce que les peuples y portoient la chevelure dans toute sa longueur. Ce qui restoit de beaucoup plus grande étendue dans la Gaule, étoit une conquête réservée à César, soixante & quelques années après la précédente. Les limites entre les nations étoient alors celles que nous avons rapportées.

Mais, Auguste tenant les Etats de la Gaule, l'an 27 avant l'Ere chrétienne, fit un nouveau partage en provinces, avec plus d'égalité entre elles qu'il n'y en avoit entre les nations. Ce fut en prenant sur la Celtique, qu'une province sous le nom d'*Aquitania*, n'étant point bornée par la

Garonne, s'étendit jufqu'à l'embouchure de la Loire. Ce que la Celtique avoit de contigu au Rhin, fut attribué à la province appellée *Belgica. Lugdunum*, colonie fondée après la mort de Céfar, & avant le Triumvirat, fit donner à la Celtique le nom de *Lugdunenfis*, ou de Lionoife; & la Province Romaine prit de même le nom de *Narbonenfis*, ou de Narbonoife. C'eft d'après cette divifion en quatre Provinces principales, que fera partagée la defcription du détail de la Gaule. Chacune de ces provinces en ayant par la fuite formé plufieurs, leur nombre, après environ 400 ans, étoit multiplié jufqu'à dix-fept; & il y a un intérêt particulier à en prendre connoiffance, quoique dans un âge poftérieur aux tems qui font l'objet dominant dans l'ancienne Géographie. C'eft que le gouvernement Eccléfiaftique ayant été conforme en Gaule au gouvernement Civil, les provinces Eccléfiaftiques, fi on en excepte quelques-unes, que l'élévation de quelques

villes à la dignité de métropole a donné
lieu de former, répondent à cette division
des provinces dans l'état Civil. Cette conformité s'étend même aux cantons particuliers dont chaque Province étoit composée, parcequ'aux anciennes *Cités* répondent assez communément les anciens Dio-
cèses. Des lieux qui sont donnés sous le
nom de *Fines*, ou Fins, contribuent à montrer une correspondance de limites. Quant
à ce terme de Cités, *Civitates*, qu'on em-
ploye ici, il faut être informé qu'il ne
se renferme pas dans l'idée ordinaire que
donne le terme de *Civitas* pour désigner
une ville, mais qu'il étoit spécialement
d'usage pour désigner le district de chacun des peuples particuliers, dont le
nombre étoit grand dans l'étendue de
la Gaule. Ce rapport qu'elle conserve
d'un état ancien à quelque chose de subsistant, est un avantage dont on pourroit
inférer, qu'elle a moins souffert d'altération dans sa constitution, par les révolutions qui ont suivi la chute de l'Em-

pire Romain, que d'autres parties du même Empire.

NARBONENSIS.

Il semble naturel de commencer par celle des provinces qui fut la première formée dans la Gaule, & qui s'étant façonnée plus particulièrement qu'une autre aux manières du peuple dominant, conserve encore dans l'idiome vulgaire plus de ressemblance à la langue Romaine que les provinces reculées vers le nord, où cette langue pouvoit être moins familière & moins pure dans son usage. Par la multiplication du nombre des provinces, nous en distinguerons jusqu'à cinq en cet article intitulé *Narbonensis*. On voit au commencement du quatrième siècle une province sous le nom de *Viennensis*, ou de Viennoise, séparément de la Narbonoise, & la Narbonoise divisée en deux Provinces, première & seconde. Les peuples cantonnés dans les Alpes,

& dont la plupart n'avoient subi le joug
que postérïeurement au premier établissement de la domination Romaine dans
la Gaule, composerent deux provinces,
l'une sous le nom d'*Alpes Maritimæ*, parce
qu'elle touchoit à la mer, l'autre plus reculée dans les terres, & sur le penchant
de l'Alpe Greque & de l'Alpe Pennine,
ce qui lui fit donner le nom d'*Alpes Graiæ
& Penninæ*.

La Province distinguée par le nom de
Narbonensis prima, & dont l'étendue se
rapporte assez généralement parlant à ce
qu'aujourd'hui on nomme le Languedoc,
étoit dans sa plus grande partie occupée
par deux peuples considérables, les *Volcæ
Arecomici* vers le Rhône, les *Volcæ Tec-
tosages* vers la Garonne. Une ville des
plus distinguées de la Gaule, *Nemausus*,
Nîmes, étoit renfermée chez les premiers ; *Tolosa*, Toulouse, chez les seconds. *Narbo* avec le surnom de *Martius*,
colonie fondée dès les premières années
de la formation d'une province Romaine

en Gaule, & ville très-puiſſante indépendamment de ſon rang dans cette province, tenoit à la mer par un canal de l'*Atax*,
qui eſt la rivière d'Aude. *Agatha*, Agde,
Marſeilloiſe de fondation, *Bæterræ*, Bé-
ziers, & plus avant dans les terres, *Lu-
teva*, Lodeve, & *Carcaſo*, Carcaſſone,
ſont des villes à nommer ici. Au nord
des Arécomiques, les *Helvii* étoient appuyés ſur la rive droite du Rhône, dans
ce qui compoſe aujourd'hui le diocèſe
de Viviers; & leur capitale appelée *Alba
Auguſta*, conſerve quelques veſtiges dans
un petit lieu nommé Alps. Un autre peuple, les *Sardones*, au pied des Pyrénées,
occupoient le Rouſſillon, qui doit ſon
nom à une ville principale de ce peuple,
Ruſcino, dont l'emplacement près de Perpignan eſt connu. *Illiberis*, qui avoit été
une ville conſidérable en ce canton, a
pris le nom d'*Helena*, aujourd'ui Elne,
dont le ſiége épiſcopal a été transferé à
Perpignan. On peut ajouter que les *Con-
ſoranni*, qui ont donné le nom au Cou-

C v

ferans, pourroient avoir été compris dans la Narbonoise, avant que d'entrer dans une des provinces Aquitaniques.

Viennensis, la Viennoise, s'étendoit sur la rive gauche du Rhône, depuis son issue du Lac *Lemanus*, ou de Genève, jusqu'aux embouchures de ce fleuve dans la mer. *Vienna*, dont elle prenoit le nom, étoit distinguée comme capitale d'un grand peuple, avant que de monter au rang de métropole dans une province. Les *Allobroges*, dont les plus qualifiés en quittant leurs bourgades, avoient formé la ville de Vienne, occupoient la partie principale de ce que les Daufins de Viennois ont fait appeler le Daufiné; & ils remontoient dans la Savoie jusqu'à la position de *Geneva*, qui étoit une de leurs villes. *Cularo*, qui prit le nom de l'empereur Gratien, en s'appellant *Gratianopolis*, comme ce nom subsiste en celui de Grenoble, doit leur être attribuée plutôt qu'à un autre peuple. Les *Vocontii* étoient adjacents vers le midi, ayant

pour ville principale *Vaso*, ou Vaison ;
& en s'étendant sur la Drome, dont le
nom ancien est *Druna*, *Dea*, ou Die,
étoit de leur dépendance. Entre ce territoire & le Rhône, les *Segalauni* possé-
doient *Valentia*, Valence ; les *Tricastini*,
une ville portant le nom d'*Augusta*, aujourd'hui S. Paul-Trois-châteaux. Les *Ca-
vares* occupoient jusqu'à la Durance cette
partie de la Provence que l'usage est d'appeler le Comtat, où *Arausio* est Orange,
Avenio, Avignon, *Carpentoracte*, Car-
pentras, *Cabellio*, Cavaillon. Au midi
de la Durance, les *Salyes*, que nous
aurons occasion de citer particulièrement
en parlant de la Narbonoise seconde,
joignoient le bord du Rhône. *Arelate*,
Arles, prévaloit sur toute autre ville en
ce canton, & l'empereur Honorius y
transféra le siége de la Préfecture du Pré-
toire des Gaules, lorsque Trèves sac-
cagée par les barbares, ne fut plus en
état de soutenir cette prérogative. C'est
peu au-dessus d'Arles, que le Rhône se

divise en deux bras, pour former deux
embouchures principales, & ces embouchures étoient appellées *Gradus*, aujour-
d'hui les Graus du Rhône. Marius dans
la guerre contre les Cimbres, avoit ouvert sur la gauche du plus considérable
des deux bras du fleuve un canal abou-
tissant à la mer. On peut avant que de
parler de Marseille, faire mention de
Maritima, ou de Martigues, à l'entrée
d'un grand lac communiquant avec la
mer. *Massilia*, fondée par des Grecs,
sortis de Phocée, ville maritime de
l'Ionie, environ 600 ans avant l'Ere chrétienne, avoit conservé dans une terre
étrangère la manière de vivre qu'elle tenoit de son origine, & ne se distinguoit
pas moins par le goût de la littérature
Greque, que par son commerce, qui
l'avoit rendue assez puissante pour former des établissemens particuliers sur les
côtes voisines. Jusque-là s'étend la Viennoise, selon l'état qui nous est donné des
provinces de la Gaule.

Il n'est point mention de la Narbonoise seconde avant le quatrième siècle bien avancé. *Aquæ - Sextiæ*, Aix, en fut la métropole. Elle devoit sa fondation à Sextius Calvinus, qui dans les premières expéditions des Romains dans la Gaule, soumit les *Salyes* ou *Salluvii*, nation puissante, qui s'étendoit au midi de la Durance, depuis le Rhône jusqu'en approchant des Alpes, & avec laquelle les Marseillois eurent long-temps à combattre. Pour ne parler que des lieux principaux sur la côte, nous ne citerons que *Telo Martius*, Toulon, aujourd'hui si recommandable par son port; *Forum Julii*, Fréjus, colonie distinguée, & port creusé pour contenir une flotte Romaine en station, près de l'embouchure de l'*Argenteus*, ou de la petite rivière d'Argents; enfin *Antipolis*, Antibes, fondée par les Marseillois. Au-devant de cette côte, trois isles rangées sur une même ligne, portoient par cette raison le nom grec de *Stœchades*, & sont aujourd'hui appe-

Tome I.   *

lées isles d'Iéres, du nom d'un lieu situé sur le continent. Dans le fond des terres, les *Reii*, nommés autrement *Albiæci*, bordoient la rive gauche de la Durance, au nord des Salyes, & la ville de Riez en conserve le nom. Il reste trois villes à citer dans la seconde Narbonoise, *Apta Julia*, Apt, *Segustero*, Sisteron sur la Durance, & *Vapincum*, Gap, qui paroît avoir été détaché des limites d'une nation, dont la province d'*Alpes Maritimæ* va nous donner occasion de parler.

Cette province resserrée entre la précédente & la chaîne des Alpes, atteignoit la mer à l'entrée du Var, & au pied de l'*Alpis* appelée *Maritima*, qui au-delà de ce fleuve portoit un trophée élevé à Auguste, pour avoir soumis les peuples des Alpes entre les deux mers qui embrassent l'Italie. Car, quoique le Var soit cité comme séparant la Gaule d'avec l'Italie, la cime des montagnes d'où les eaux se répandent d'un côté comme de l'autre, constituoit des limites naturelles ; & la

ville de Nice, *Nicæa*, de fondation Mar-
feilloife au-delà du Var, & fon Comté,
ne font actuellement détachés de la Provence, que par un démembrement depuis moins de 400 ans. La métropole des
Alpes Maritimes, *Ebrodunum*, Embrun,
a confervé les droits de fon fiége en cette
partie. Il faut dire que tout ce pays voifin de la mer, & en remontant dans les
Alpes, étoit occupé par différens peuples
d'une nation que nous verrons puiffante
dans l'étendue de l'Italie, celle des *Ligures*. Les Salyes dont il a été parlé en
tiroient leur origine, & dans les premiers tems, le rivage de la mer jufqu'à
l'entrée de l'Ibérie appartenoit à cette
nation. En montant dans les terres, on
peut citer *Dinia*, Digne, pour remarquer qu'avant le règne de Galba cette
ville n'étoit point encore comprife dans
la province, dont le peuple le plus confidérable étoit celui des *Caturiges* vers le
haut de la Durance. C'eft par l'altération
de ce nom qu'un petit lieu fitué entre

Embrun & Gap, s'appelle aujourd'hui Chorges. Un prince nommé Cottius, dont *Segusio*, ou Suze, étoit la résidence, & qui fut maintenu par Auguste dans la possession d'un petit état composé de plusieurs peuples cantonnés dans les Alpes, avoit communiqué son nom à l'*Alpis Cottia*, qui est le Mont Genèvre, où la Durance prend sa source, peu loin de *Brigantio*, où de Briançon. Pour parler maintenant des Alpes Greques & Pennines, *Alpis Graia* est le petit S. Bernard, & le grand S. Bernard est *Alpis Pennina*, dont le nom dérivoit d'un terme employé dans plusieurs langues, & propre à désigner le sommet d'une montagne, comme il est appliqué à l'Apennin, qui se détache des Alpes pour traverser l'Italie. Ce qu'on appelle aujourd'hui le Wallais au pied de l'Alpe Pennine, & le long du Rhône depuis sa source jusqu'au lac qui le reçoit, étoit appelé *Vallis Pennina*. Les *Nantuates* habitoient le Chablais & le bas de la vallée; les *Veragri* étoient

au-deſſus. La ville principale en cette
vallée, Sitten ſelon les Alemans, autrement Sion, conſerve le nom des *Seduni.*
Un peuple plus conſidérable vers les limites des Allobroges de la Viennoiſe,
les *Centrones* occupoient la Tarentaiſe,
qui a tiré ce nom de celui de *Darantaſia*,
que la ville de Monſtier, jouiſſant de la
prérogative de métropole dans cette province des Alpes, portoit primitivement.

LUGDUNENSIS.

Ce nom s'étend à une longue bande
de pays, faiſant le milieu de la Gaule,
depuis le Rhône près de *Lugdunum*, ou
de Lion, juſqu'à la mer, & limitée d'un
côté par l'Aquitaine, de l'autre par la
Belgique. Dans la diviſion qu'éprouvè-
rent les quatre Provinces primitives, la
Lionoiſe fut d'abord partagée en deux,
première & ſeconde ; & cette diviſion
n'en avoit point ſouffert d'autre avant
que le quatrième ſiècle fût écoulé, lorſ-

qu'au lieu de deux Lionoiſes, on en voit
quatre, par une diviſion poſtérieure de
chacune de ces deux provinces. Quoique
l'état de la Gaule dans un nombre de
provinces multiplié juſqu'à dix-ſept, deſ-
cende à des tems qui s'éloignent de l'âge
principal où l'ancienne Géographie veut
être conſidérée, cependant la notion
qu'on peut prendre de ces provinces ayant
ſon utilité particulière, comme on l'a
remarqué précédemment, on aſſujettira
le détail dans lequel il convient d'entrer
ſur l'ancienne *Lugdunenſis*, à ce que chacune des quatre provinces Lionoiſes comprenoit en particulier.

La ville de Lion avoit été fondée ſur
la rive droite de la Saône, dans le territoire d'un peuple Gaulois, les *Seguſiani*.
Mais, c'étoit une ville Romaine, & ce
peuple avoit ſon chef-lieu, appelé *Forum*,
& ce lieu conſerve le nom de Feur, près
de la rive droite de la Loire, & le *Pagus
Forenſis* du moyen-âge, a donné le nom
au Forez. *Rodumna*, Rouane, plus bas

fur l'autre rive de la Loire, appartenoit au même peuple. Ce peuple du tems de César étoit dans la dépendance de la nation des *Ædui*, une des plus puiſſantes qui fût dans la Gaule. La ville tenant le rang de capitale chez cette nation, & appelée *Bibracte*, prit ſous Auguſte le nom d'*Auguſtodunum*, duquel s'eſt formé celui d'Autun. Elle tiroit un luſtre particulier de ce que la nobleſſe de la Gaule y étoit inſtruite dans les lettres. L'*Arar*, dont le nom a poſtérieurement été *Sauconna*, la Saône, ſéparoit le peuple Eduen d'avec les Séquanois, de manière que *Cabillonum* & *Matiſco*, Challon & Mâcon ſur la rive droite, appartenoient à cette grande cité Eduenne, qui d'un autre côté s'étendant juſqu'à la Loire, poſſédoit ſur cette rivière une ville, qui ſous le nom de *Nevirnum*, Nevers, en a été détachée. Dans ce qui dépendoit du même peuple, n'oublions point *Aleſia*, quoiqu'il ne reſte de cette ville que le nom d'Aliſe, mais en rap-

pelant un des plus grands exploits de
César, & qui peut servir d'époque à l'af-
ferviſſement de la Gaule au pouvoir de
Rome. Les *Lingones* étoient limitrophes,
ayant pour capitale *Andematunum*, à laquelle il eſt arrivé, ainſi qu'à beaucoup de
villes du même rang dans la Gaule (comme on verra par la ſuite) de quitter avant
la chute de l'Empire Romain, le nom primitif, pour s'approprier celui du peuple,
en s'appelant *Lingones*, aujourd'hui Langres. Il faut dire que ce peuple faiſoit
partie de la Belgique, avant que d'entrer dans la Lionoiſe première, qui ſans
cette acceſſion auroit été très-limitée par
le démembrement d'une nouvelle Lionoiſe, que ſon nom de quatrième Lionoiſe déſigne avoir été formée la dernière. Et parce qu'elle tient immédiatement à celle dont elle a été détachée,
de manière à ſéparer entièrement la première Lionoiſe d'avec la ſeconde & la
troiſième, elle les précédera dans notre
deſcription. Les *Senones* l'ont fait dif-

tinguer par le nom de *Senonia*, & leur capitale *Agedincum*, autrement *Senones* par le changement de nom dont on vient de parler, aujourd'hui Sens, prit le rang de métropole. Un autre peuple considérable en cette province, les *Carnutes*, avoient pour capitale *Autricum*, & du nom du peuple, s'est formé celui de Chartres. Chez les Parisii, *Lutecia*, qu'une isle de la Seine renfermoit, & devenue depuis la reine des villes, conserve purement le nom du peuple. Les *Aureliani* font un démembrement d'une cité plus ancienne : la ville qui conserve leur nom dans celui d'Orleans, située avantageusement au sommet du coude que décrit le cours de la Loire, appartenoit aux Chartrains du tems de César, sous le nom primitif de *Genabum*. Les *Meldi*, voisins des Parisiens, & les *Tricasses* adjacents aux Senonois, ne paroissent point dans César. *Iatinum* sur la Marne chez les premiers, conserve leur nom quoique altéré dans celui de Meaux ; *Augustobona*

sur la Seine, dans celui de Troies chez
les seconds. Quant à quelques autres positions, il faut citer *Autissiodorum*, ou
Auxerre, qui paroît avoir appartenu aux
Senonois ; *Nevirnum*, Nevers, enlevé au
peuple Eduen. Ajoutons *Melodunum*, Me-
lun, dans le territoire Sénonois, & dont
il est mention dans César.

La seconde Lionoise, après que la
troisième en eut été détachée, se trouvoit à peu près comprise dans ce qui fait
les limites actuelles de la Normandie.
Rotomagus, Rouen, métropole de cette
province, appartenoit à un peuple, dont
le nom de *Veliocasses* est devenu par altération celui du Vexin, qui s'étend jusqu'à la rivière d'Oise, sur laquelle le
nom Celtique de *Briva Isaræ* est traduit
dans celui de Pont - Oise. Les *Caleti*
étoient bornés par la mer ; ils ont donné
le nom au *Pagus Caleticus*, qui est le pays
de Caux, & le nom de *Juliobona* leur
capitale se conserve dans celui de Lile-
bone. Ces deux peuples occupant la rive

septentrionale de la Seine, seront ainsi réputés du corps des Belges dans l'état primitif de la Gaule, avant que d'avoir été joints à la Lionoise. Sur la rive gauche de la Seine étoient les *Aulerci Eburovices*, & les *Lexovii*. La capitale des premiers a quitté son nom primitif de *Mediolanum*, pour être appelée *Eburovices*, d'où est venu le nom d'Evreux ; & *Noviomagus* chez les *Lexovii* ayant pris le nom du peuple, est Lizieux. Le nom antérieur à celui de *Viducasses*, pour la capitale d'un peuple situé sur la rivière d'*Olina*, qui est l'Orne passant à Caen, nous est inconnu. Celui de la ville des *Bajocasses*, qui étoient contigus, sçavoir *Arægenus* (propre à la petite rivière d'Aure comme à cette ville) a été remplacé par le nom du peuple, duquel est dérivé celui de Baïeux. Les *Unelli* ou *Ueneli*, reculés jusqu'à la côte occidentale, avoient pour capitale *Crociatonum*, dont la position convient à Valognes. Mais, une autre ville, *Constantia*, a prévalu en don-

nant le nom de Côtantin à ce canton de
pays, borné au midi par le territoire des
Abrincatui, dont la capitale *Ingena* conferve le nom dans celui d'Avranches. On
peut douter que le nom de *Saii*, rapporté
à la ville de Sées, soit de même antiquité
que les précédens. Des isles au-devant du
Côtantin, sous les noms de *Sarmia*, *Cæfarea*, *Riduna*, répondent à celles de
Gerfei, Grenefei, Aurigni.

Pour en venir à la troisième Lionoise,
elle eut pour métropole *Turones*, Tours,
qui nommée primitivement *Cæfarodu-
num*, avoit pris le nom du peuple dont
elle étoit la capitale. C'est pour avoir
quitté le nom de *Juliomagus*, que celle
du peuple *Andes* ou *Andecavi*, fur la
Maïenne ou *Meduana*, se nomme aujour-
d'hui Angers. Les *Aulerci Cenomani* ont
donné le nom à la ville du Mans, qui
avant de prendre celui de *Cenomani* se
nommoit *Suindinum*. Ils avoient pour
voifins les *Diablintes*, dont la ville nommée *Næodunum* ayant pris le nom du
peuple

peuple, a laissé le nom de Jublins à un lieu qui en tient la place. Les *Arvii*, compris également dans le Maine, se sont fait connoître par les vestiges de leur ville, dont le nom étoit *Vagoritum*, & ces vestiges subsistent dans un lieu qu'on appelle la Cité, près d'une petite rivière nommée Erve. On connoît assez les *Redones*, dans le nom de Rennes, les *Namnetes* dans celui de Nantes : c'est que les villes de ce nom avoient quitté les noms primitifs, *Condate* & *Condivienum*. La dénomination de *Condate*, commune à bien des lieux dans la Gaule, en désigne la situation dans le coin de terre que forme le confluent de deux rivières. Le territoire des Nantois étoit borné par la Loire, dont la rive ultérieure appartenoit aux *Pictavi* dans l'Aquitaine. Il est séparé des *Veneti* par la Vilaine, que l'on trouve dans l'antiquité sous le nom de *Herius fluvius*. On voit dans César que les Venetes se distinguoient par leur puissance & leur habileté dans la marine. *Dario-*

D

rigum, nom de leur capitale, a été remplacé par le nom du peuple, qui se conserve dans celui de Vennes. Entre plusieurs isles au-devant de la côte, *Vindilis*
a précédé le nom que porte Bellisle. On
a reconnu la situation des *Curiosolites*,
comme limitrophe de la cité de Rennes.
Le fond de la province à laquelle les Bretons insulaires ont communiqué le nom
de Bretagne, étoit occupé par les *Osismii*,
dont la capitale nommée *Vorganium* prend
sa position à Karhez. On trouve un peuple nommé *Corisopiti* aux environs de
Kimper. Le *Brivates Portus* indique celui de Brest ; & *Uxantis* & *Sena*, les isles
d'Ouessant & de Sain, celle-ci, quoique
très-petite, pouvant mériter d'être citée,
pour avoir servi de demeure à des prê-
tresses révérées dans l'antiquité Gauloise.
On sait que les peuples voisins de l'Océan
étoient désignés par le nom d'*Armoricæ
Civitates*, selon la signification propre du
terme d'*ar-Mor*, dans la langue Celtique.
Cette désignation générale, mais appli-

quée particulièrement à ce qui est conte-
nu entre les embouchures de la Seine &
de la Loire, s'est renfermée postérieurement dans la Bretagne, quand il en est
mention sous le nom d'Armorique.

AQUITANIA.

Ce qui dans la division de la Gaule par
Auguste n'étoit qu'une province, en forma trois, Aquitaine première, Aquitaine
seconde, Novempopulane. La capitale
des *Bituriges*, qui après avoir porté le
nom d'*Avaricum*, prenoit celui du peuple, dont le nom actuel de Bourges est
dérivé, fut la métropole de la première
Aquitaine. Ce peuple étoit des plus considérables de la Gaule, & paroissoit même
y dominer sous le gouvernement d'un roi,
lorsqu'une multitude de Gaulois passa les
Alpes & le Rhin, pour s'établir en Italie
& en Germanie, environ 600 ans avant
l'Ere chrétienne. Nous avons deux peuples de Bituriges, le principal qui est

celui du Berri , diftingué par le furnom
de *Cubi* , l'autre par le furnom de *Vibifci*
dans l'Aquitaine feconde. Les *Arverni*
jouiffoient d'une grande puiffance lorfque les Romains portèrent leurs armes
dans la Gaule. On fait qu'une de leurs
villes nommée *Gergovia*, réfifta aux efforts
que fit Céfar pour s'en rendre maître. La
capitale de la nation , nommée *Augufto-*
nemetum , dont les veftiges de la ville précédente font peu éloignés , a pris le nom
de Clermont , confervant le même rang
dans la province d'Auvergne. Il faut parler immédiatement enfuite de deux peuples limitrophes , & dépendans même
de cette province du tems de Céfar , les
Gabali & *Vellavi* , qui ont donné le nom
au Gévaudan , & au Vellai. La capitale
des premiers , nommée *Anderitum* , ayant
pris le nom du peuple , ce nom de *Ga-*
bali eft refté dans celui de Javols à un
lieu de peu de confidération ; & *Reveffio*,
capitale des autres , dont le nom s'y étoit
également communiqué , a pris celui de

Saint Paulien. Les *Ruteni* occupoient le Rouergue, & le nom de *Segodunum* leur capitale ayant été changé en celui du peuple, de ce nom du peuple est dérivé celui de Rodez. Mais, on voit un tems où les *Ruteni* sont de la Narbonoise comme de l'Aquitaine ; & ceux qui dans César sont appelés *Provinciales*, comme étant de la Province Romaine, ne peuvent par convenance avec le local être placés que dans l'Albigeois, dont la ville principale *Albiga*, est une cité de l'Aquitaine première dans un tems postérieur. Le Querci, adjacent au Rouergue, & Cahors sa capitale, doivent également leur nom à celui des *Cadurci*, & dans l'altération de ce nom, c'est une même diversité entre la ville & la province, qu'à l'égard des *Ruteni* dans les noms de Rouergue & de Rodez ; & comme on peut remarquer que du nom de *Bituriges* sont également sorties les dénominations diverses de Berri & de Bourges. Le nom primitif de la ville des *Cadurci* étoit *Divona*,

& celui de la rivière qui y paſſe étant *Ottis*, doit être l'Olt, & non pas le Lot ſelon l'uſage vulgaire. Le nom de *Tarnis*, d'une autre rivière qui ſe rend dans la Garonne, ſe conſerve pur dans celui de Tarn. Il ne faut point oublier une place des *Cadurci* aſſiégée par Céſar, *Uxellodunum*, dont le nom & la ſituation ſe reconnoiſſent dans le Puech d'Iſſolu, peu loin de la Dordogne ſur la frontière du Limouſin. Les *Lemovices*, qui ont donné le nom à cette province comme à la ville de Limoges, nommée primitivement *Auguſtoritum*, ſe ſont ainſi rencontrés les derniers dans la route que nous avons ſuivie en parcourant ce qui a compoſé l'Aquitaine première.

La ſeconde Aquitaine eut pour métropole *Burdigala*, Bourdeaux, chez les *Bituriges Vibiſci*, qui n'étoient pas Aquitains d'origine. Les *Meduli* de ce territoire, entre la Gironde ou l'embouchure de la Garonne & la grande mer, ont donné le nom au Medoc. Le nom de

Petrocorii a fait celui de Périgueux, comme du Périgord, quoique *Vesuna*, nom primitif de la capitale soit conservé à ce qu'on nomme la Visone dans cette ville. L'Agenois a tiré son nom d'*Aginnum*, ce nom qui étoit propre à une ville ayant prévalu sur celui des *Nitiobriges*. Les *Santones*, adjacents à la mer, au nord de la Gironde, ont donné le nom à la Saintonge, & à la ville de Saintes, dont le nom primitif étoit *Mediolanum*. *Iculisna*, Angoulême, n'ayant point de peuple particulier qui soit connu, convient mieux à celui qui occupoit la Saintonge qu'à tout autre. *Carantonus* est le nom de la Charente, qui traverse ce pays; & vis-à-vis de son embouchure, le nom d'*Uliarus* est celui de l'isle d'Oleron. Le territoire des *Pictones* ou *Pictavi* étoit vaste en s'étendant jusqu'à la Loire. Leur nom a fait celui du Poitou & de Poitiers. *Limonum* étoit le nom antérieur de la capitale. Et dans cette extension des anciens *Pictavi* vers l'embouchure de la Loire, ils avoient une ville dont le nom de *Ra-tiatum* est resté au pays de Retz. On peut ajouter qu'un peuple particulier, sous le nom d'*Agesinates*, étoit compris dans ce territoire, & le district d'un Archidia-coné du nom d'Aisenai, dans l'Evéché de Luçon, distrait de celui de Poitiers, nous indique cette portion des *Pictavi*.

Ce qui nous reste de l'Aquitaine entre la Garonne & les Pyrénées, répond d'une manière générale à ce qu'occupoient les *Aquitani* dans le partage national de la Gaule. Le nom de *Novempopulana*, que prit cette partie de la province d'Aqui-taine, semble indiquer qu'elle étoit com-posée de neuf peuples, que nous ne cher-cherons point à distinguer dans le nom-bre de ceux qui y ont tenu quelque place. Les *Elusates* & *Ausci* y paroissent au pre-mier rang. *Elusa*, Euse, étoit la métro-pole, avant que cette dignité eût été transférée à Auch, qui n'a porté le nom d'*Ausci* qu'après avoir été appelée *Au-gusta*, ayant même un autre nom dans l'idiome du pays, sçavoir *Climberris*. Il faut parler des *Sotiates*, mentionnés dans César, & que l'on retrouve dans le lieu nommé Sos. Les *Vasates* ont donné le nom à Bazas, qui se nommoit auparavant *Cossio*. Un petit peuple nommé *Boii* étoit celui des Buies du pays de Buch, près de la mer, & la résine que fournissent les landes de ce canton, les fait appeler *Piceos Boios* (*). Entre ce canton & les Pyrénées s'étendoient les *Tarbelli*, & *Aquæ Augustæ*, aujourd'hui Aqs, étoit leur capitale. *Lapurdum*, qui a laissé ce nom au Labourd en prenant celui de Baïone, entroit dans ce territoire. Une ville dont il ne reste point de vestiges, *Beneharnum*, subsiste en quelque manière dans le nom de Bearn. *Iluro* est Oloron dans cette province. *Vicus Juli*, ou *Atures*, est Aire, sur l'*Aturus* ou l'Adour. Vers une des extrémités de la Novempopulane, *Lactora* est Leitour. Enfin, au pied des Pyrénées, les *Bigerrones* ont donné le nom

(*) Dans une lettre de S. Paulin à Ausone.

à la Bigorre, & *Tarba* à la ville de Tarbe ; les *Convenæ* au pays de Cominges, dont la capitale qui étoit nommée *Lugdunum*, est aujourd'hui S. Bertrand, de même que celle des *Consoranni*, ou de Couserans, a pris le nom de S. Lizier. C'est à ce pays des premiers Aquitains, que les Vascons ultramontains ou Espagnols, en s'y répandant, ont fait donner le nom de Gascogne ; & celui d'Aquitaine s'est perpétué, en souffrant de l'altération, dans ce qu'on nomme aujourd'hui la Guienne.

BELGICA.

De l'extrémité méridionale de l'Aquitaine, il faut revenir sur ses pas, & se porter vers le nord, pour terminer la Gaule dans sa partie la plus reculée. Par la multiplication des provinces, nous y distinguerons deux Belgiques, deux Germanies, & une cinquième province appelée Grande Séquanoise. La capitale des *Treveri*, qui après avoir porté le nom d'*Augusta*, avoit pris le nom du peuple, fut métropole de la Belgique première. Ce peuple tiroit vanité d'être Germanique d'origine ; & leur ville devenue colonie Romaine, servit de résidence à plusieurs Empereurs, que le soin de veiller à la défense de cette frontière retint dans la Gaule. La Sare, que reçoit la Moselle, peu au-dessus de Treves, est connue dans l'ancienne Géographie sous le nom de *Saravus*. Les *Mediomatrici*, limitrophes des *Treveri*, avoient pour capitale *Divodurum*, qui a pris le nom de *Metis*, Metz. Les *Leuci* succédent jusqu'au *Vogesus Mons*, & leur capitale conserve son ancien nom de *Tullum* dans celui de Toul. *Verodunum*, Verdun, se fait un territoire particulier dans cette Belgique.

La seconde des provinces de ce nom fournit un plus grand nombre de cités ou de peuples. Les *Remi* s'étoient distingués par leur inclination pour les Romains sous le gouvernement de César, & *Du-*

D vj

rocortorum leur capitale , prenant le nom du peuple qui subsiste dans celui de Reims , fut élevée au rang de métropole dans la Belgique seconde. Il n'est mention des *Catalauni* que depuis César , & Châlons sur la Marne conserve leur nom. La capitale des *Suessiones* , liés autrefois très-étroitement avec la cité de Reims , avoit pris le nom d'*Augusta* , que celui du peuple a remplacé , comme la ville de Soissons le conserve. La rivière d'Aisne qui y passe , est *Axona* dans les monumens de l'âge Romain. Les *Veromandui* ont donné le nom au Vermandois, & leur capitale à laquelle celui d'*Augusta* a été propre , est S. Quentin. On connoît assez dans le nom de Beauvais les *Bellovaci* , qui jouissoient d'une grande réputation de bravoure entre les nations Belgiques. Leur capitale étoit appelée *Cæsaromagus* avant que de prendre le nom du peuple, & elle ne se confond point avec le *Bratuspantium* dont il est mention dans César. Les *Silvanectes* , dans des limites étroites contiguës au Beauvaisis, & qui ne font cités que depuis César, ont changé dans leur chef-lieu le nom d'*Augustomagus* pour celui qui leur étoit propre, quoiqu'il puisse paroître méconnoissable dans la forme actuelle de Senlis. Les *Ambiani* avoient donné à leur ville le nom de *Samaro-briva*, parce que la Somme s'y traversoit sur un pont, & le nom du peuple en ayant pris la place, subsiste dans celui d'Amiens. Ce canton de la Belgique, & la cité des Bellovaques spécialement, se distinguent dans César par le nom de *Belgium*. Les *Atrebates*, limitrophes de la cité d'Amiens, y paroissent compris. Leur capitale *Nemetacum*, autrement *Nemetocenna*, ayant adopté le nom du peuple, est Arras, que les Flamingans appellent Atrect. Cette cité ne remplit point l'Artois, quoique cette province lui doive son nom. Une partie appartenoit aux *Morini*, qui reculés jusqu'au bord de la mer, tiroient leur nom de cette situation maritime. *Taruen-*

na, Térouenne, étoit leur capitale. Ils avoient en s'étendant dans la Flandre une place appelée *Castellum*, qui conserve le nom de Cassel. Le territoire particulier de *Bononia*, ou de Boulogne, qui se nommoit primitivement *Gesoriacum*, étoit une annexe de celui des Morins ; & le port *Itius*, que l'embarquement de César pour passer dans l'isle Britannique a rendu célebre, est celui de Wit-sand sur le même rivage. Une nation puissante, & qui vouloit être Germanique d'origine, les *Nervii* avoient pour capitale au centre du Hainau *Bagacum*, Bavai, qui paroît déchue de ce rang à la fin du quatrième siècle, lorsque *Camaracum*, Cambrai, & *Turnacum*, Tournai, ont prévalu dans le pays qu'occupoient les Nerviens. Il est mention de la Sambre dans ce pays sous le nom de *Sabis*. Mais il faut ajouter, que les dépendances des Nerviens s'étendoient dans la Flandre jusqu'à la mer, dont le rivage a été appelé *Nervicanus Tractus*.

Les deux Germanies dans la partie Belgique de la Gaule, sont de plus ancienne date qu'aucune subdivision qui ait été faite, d'après la division de la Gaule en quatre provinces sous Auguste. On seroit même autorisé à les estimer du même tems, & on les distingue sans équivoque sous Tibère. Cette frontière exposée aux entreprises des nations guerrières d'au-delà du Rhin, demandoit pour sa sûreté des précautions particulières de la part du gouvernement Romain, & sous le commandement de Drusus, plus de cinquante places avoient été construites le long du fleuve. La province Séquanoise, appelée *Maxima Sequanorum*, prise de même sur la Belgique, ne remonte pas si haut que l'on sçache : mais, un ordre géographique de position semble vouloir, qu'elle précéde ici les Germanies, qu'une pareille raison de situation entre elles faisoit distinguer en supérieure & inférieure, indépendamment de l'usage du terme de première & de seconde. Les

Sequani formoient une cité confidérable
entre la Saône & le mont Jura, qui en
faifoit la féparation d'avec la cité Helvétique ; & ils occupoient encore plus
d'étendue , en remontant du bord du
Rhône peu au-deffous de Genève , jufqu'à la Vofge. Leurs dépendances du
tems de Céfar atteignoient même le bord
du Rhin. En étendant leur nom à une
province , il étoit naturel que *Vefontio* ,
ou Befançon , leur capitale , fût la métropole de cette province. Céfar en décrit la pofition comme prefque enveloppée par le fleuve *Dubis* , ainfi qu'aujour-
d'hui par le Doux. Les *Helvetii* s'étendoient en ligne oblique depuis le Rhône
près de Genève , jufque vers le lac qui
prend le nom de la ville de Conftance.
Les quatre cantons entre lefquels cette
nation diftinguée par fa bravoure étoit
partagée , ne fe font point affez connoître
fur le local actuel ; & on eft détrompé
fur le rapport du *Tigurinus Pagus* à Zu-
rich , depuis qu'on eft inftruit par une

inſcription Romaine que le nom du lieu n'étoit point *Tigurum*, mais *Turicum*. La ville principale dans le pays Helvétique étoit *Aventicum*, dont l'emplacement conſervé le nom d'Avenche. Une colonie ſous le nom Romain d'*Equeſtris*, autrement *Noiodunum*, garde ſa dénomination Celtique en celle de Nion, ſur le bord du Léman ou lac de Genève. *Vindoniſſa*, qui n'exiſte plus que dans le nom de Windiſch, étoit une place qui a communiqué à Conſtance la dignité épiſcopale par tranſlation. On peut faire mention de *Salodurum* comme étant Soleure. Pour terminer la Séquanoiſe, il faut parler des *Rauraci*. Ils bordoient la rive du Rhin aux environs du coude que forme le cours de ce fleuve près de Baſle, & au-deſſous de cette ville comme au-deſſus, depuis que cette partie qui donnoit aux Séquanois un eſpace pour arriver juſqu'au Rhin, avoit ceſſé de leur appartenir. Une colonie fondée chez les Rauraques ſous le nom d'*Auguſta*, qui ſubſiſte dans celui d'Augſt, étoit placée un peu plus haut que Baſle, qui a profité de la décadence de cette ville pour devenir conſidérable.

La Germanie première ou ſupérieure ſuccédoit immédiatement à ce territoire. Trois peuples Germaniques, *Triboci*, *Nemetes*, *Vangiones*, ayant paſſé le Rhin, s'étoient établis entre ce fleuve & la Voſge, dans des terres que l'on croit avoir fait partie de ce qui appartenoit aux *Leuci*, & aux *Mediomatrici*. *Argentoratum*, Strasbourg, étoit la réſidence d'un commandant particulier ſur cette frontière, quoiqu'une autre ville, *Brocomagus*, aujourd'hui Brumt, ſoit citée comme capitale des Triboques. Chez les *Nemetes*, qui viennent enſuite, la ville principale eſt nommée *Noviomagus*, avant qu'il en ſoit mention ſous le nom du peuple, & une petite rivière qui s'y rend dans le Rhin lui a fait prendre le nom de Spire. La capitale des *Vangiones*, à laquelle leur nom a été communiqué de même, ſe nommoit

primitivement *Borbetomagus* , & son nom
actuel est Worms. Mais , *Mogontiacum* ,
Maïence , étoit la métropole de la province , & la résidence d'un général , dont
le département s'étendoit le long du
Rhin , depuis *Saletio* , Seltz , jusqu'à *An-*
tunnacum , Andernach. On peut citer
au-dessous de Maïence , *Bingium* , Bin-
gen , au confluent d'une rivière nommée
Nava , aujourd'hui Nahe ; & *Confluentes* ,
Coblentz , où le Rhin reçoit la Moselle ,
& du territoire des *Treveri*. Dans la Germanie inférieure , la rive du Rhin fut
occupée par les *Ubii* , & les *Gugerni* ,
deux peuples Germaniques , transportés
sous le règne d'Auguste de la rive ultérieure du fleuve à la citérieure ou Belgique. *Colonia Agrippina* , Cologne , fondée chez les Ubiens sous le règne de
Claude , fut la métropole de cette province. *Bonna* , Bonn , *Novesium* , Neuss ,
sont des lieux à citer chez le même peuple ; & chez les *Gugerni*, on citera un poste
dont il est mention dans l'histoire sous

le nom de *Vetera*, aujourd'hui Santen, & *Colonia Trajana*, réduite à un petit lieu nommé Koln près de Cleves. Mais, la Germanie seconde ne se bornoit point à ce qui borde le Rhin, & la cité des *Tungri* lui donnoit une grande extension jusqu'en deça de la Meuse. Les *Eburones*, Germains d'origine, & qui paroissent avoir été anéantis par César, pour venger le sang d'une légion Romaine répandu chez cette nation, occupoient le pays qu'on voit après eux tenu par les *Tungri*. Ceux-ci étoient également de race Germanique, & leur poste principal nommé primitivement *Atuatuca*, ayant pris le nom du peuple, ce nom subsiste dans celui de Tongres. C'est sur les confins de ce peuple, & des *Treveri*, que s'étend une vaste forêt, que César dit être continue depuis les limites des Nerviens jusqu'au Rhin, sous le nom d'*Arduenna* ; & un des cantons où elle s'étend conserve dans le nom de Condros celui des *Condrusi*, dont il est mention dans

Céfar comme dépendans des *Treveri*. La partie feptentrionale de ce qu'on nomme aujourd'hui le Brabant, appartenoit aux *Menapii*, en s'étendant même jufqu'au Rhin, & ils avoient une place près de la Meufe, dont le nom de *Caftellum* fubfifte dans Keffel. Mais, on trouve après eux les *Toxandri* établis dans ce qu'on nomme la Campine ; & les bouches de l'Efcaut ont limité la Belgique du côté de la Germanie inférieure. Les *Batavi* appartiennent inconteftablement à la Gaule, & la terminent. Le terrain renfermé entre le bras détaché du Rhin fur la gauche, appelé *Vahalis*, le Wahal, & le bras qui coule fur la droite en gardant le nom de *Rhenus*, étoit appelé *Infula Batavorum*, dont une partie conferve le nom de Betaw. Drufus ayant tiré du Rhin, au-deffous de la féparation du Wahal, un canal qui fut appelé *Foffa Drufi* ; ce canal, où les eaux du fleuve fe porterent en affez grande quantité pour former par le cours de l'Iffel auquel il étoit joint, un grand lac appelé *Flevo*, fut une première caufe d'affoibliffement dans ce bras du Rhin, que l'on voit actuellement ne pouvoir arriver jufqu'à la mer. On met au premier rang chez les Bataves *Lugdunum*, qui garde fon nom dans celui de Leyde. En remontant le Rhin, on reconnoît *Batavodurum* dans Durftede ; & Nimegue eft une ville ancienne, dont le nom vient de *Noviomagus*. Si l'on fe rappelle le grand nombre de peuples particuliers que contient la Gaule, & qui par une égalité de rang ont voulu les uns comme les autres tenir une place dans cette defcription, on fera perfuadé qu'elle ne pouvoit être plus abrégée fans fouffrir d'altération. Mais, en fuppofant le cas de vouloir être inf- truit dans un plus grand détail, on peut recourir à un ouvrage du même auteur fur la Gaule en particulier.

III.

BRITANNIA.

L'Is le Britannique étoit la plus grande du Monde connu des anciens, & si elle ne l'est pas du Monde actuellement connu, d'autres avantages qui prévalent sur celui de l'étendue, en font bien la plus considérable des isles du Monde. L'irrégularité dans son contour, n'empêche pas que la figure triangulaire dont parle César sur ce qu'il avoit oui dire, ne convienne d'une manière générale, sans qu'il fût assez instruit pour distinguer l'inégalité des côtés de cette figure, dont le méridional, moins étendu que les deux autres prolongés vers le nord, semble leur servir de base. Il est terminé d'un côté par le *Cantium*, sur le rivage de la province de Kent, vis-à-vis du pro-

montoire *Itium* de la Gaule ; de l'autre,
par une pointe de terre fort avancée en
mer, nommée dans l'antiquité *Bolerium
promontorium*, aujourd'ui Land's-end, ce
qui exprime la même chose que Finis-
terre. Quant au sommet de cette espèce
de triangle, la pointe du nord de l'E-
cosse, que l'on appelle Dungsby-head,
étoit appelée *Oreas*, d'un nom relatif aux
Orcades, qui sont au-devant de cette
pointe, & très-voisines. Le nom d'*Albion*
donné à la plus grande des isles Britan-
niques, pouvoit être emprunté des premiers tems, où cette isle étoit moins
connue qu'elle ne l'a été depuis. Resserrée
par la mer dans sa largeur, ses principales rivières, *Tamesis*, & *Sabrina*, la
Tamise, & la Saverne, ne sont considérables que vers leur entrée dans la mer;
& à l'égard de la seconde de ces rivières,
le *Sabrinæ Æstuarium* est moins son embouchure, qu'un golfe de la mer occidentale fort profond dans les terres. En
remarquant que l'isle Britannique est
montueuse

montueuse presque sans interruption
dans la partie qui regarde le couchant,
il faut dire en même tems que l'antiquité
ne fournit point de dénomination particulière de montagne, si l'on excepte le
Grampius Mons, qu'une expédition d'A-
gricola a donné occasion de citer, & qui
est reculé dans l'Ecosse, que cette montagne paroît diviser en deux parties, citérieure & ultérieure.

On remarque des différences de sang
& d'origine entre les peuples de cette
isle. Il est constant que dans sa partie
méridionale, plusieurs peuplades sorties
de la Gaule y étoient établies. Un grand
rapport dans le langage, la même reli-
gion, de la conformité dans les mœurs,
quoique moins douces dans les Bretons
que dans les Gaulois, sont un témoignage
non équivoque d'affinité entre des peuples. Mais, la chevelure d'un blond ar-
dent chez les Calédoniens, & une haute
taille, font croire à Tacite, qu'ils sont
originaires de la Germanie : d'un autre

E

côté, le teint basané, & les cheveux cré-
pus des Silures, les lui font estimer d'un
sang sorti de l'Ibérie. César en passant
dans l'isle des Bretons, ne s'avança que
jusqu'aux rives de la Tamise. Il ne fit que
montrer pour ainsi dire la Bretagne, don:
Auguste peu jaloux par principe de recu-
ler les limites de l'Empire, négligea la
conquête. Ce fut sous Claude qu'elle fu:
entamée, & que la partie qui tire vers
la Gaule entre l'orient & le midi, fu:
assujettie. Sous le règne de Domitien,
les armes Romaines commandées par
Agricola, pénétrerent jusque dans la
Calédonie, c'est-à-dire au centre de l'E-
cosse. La difficulté de se soutenir dans
cet éloignement contre les invasions des
peuples non soumis, détermina Adrien
à donner des bornes moins reculées à la
province Romaine en Bretagne, la séparant du pays barbare par un rempart
de 80 milles de longueur, depuis le fond
d'un golfe appellé actuellement Solwai-
firt, jusqu'à Tin-mouth, qui est l'entrée

d'une rivière fur la côte orientale de l'ifle. Mais, Sévere porta plus loin ces limites, en conftruifant un autre rempart, dans un efpace plus refferré, & de 32 milles, entre *Glota*, qui eft la rivière de Clyd, & *Bodotria*, ou le fond du golfe dont la ville d'Edenbourg eft voifine vers le midi. Nous n'avons point dans la Bretagne Romaine de divifion bien limitée entre différentes provinces, & il n'en eft pas de ce pays comme de la Gaule fur cet article. On voit une diftinction de fupérieure & d'inférieure, & la pofition de quelques villes adjugées à la fupérieure, feroit connoître qu'elle étoit reculée vers la partie occidentale. La multiplication des provinces dans tout ce que renfermoit l'Empire, donne une Bretagne première, & une Bretagne feconde ; & la fituation de la première des colonies au commencement de la conquête, établiroit la Bretagne première dans la partie orientale. Deux autres provinces, *Flavia Cæfarienfis*, & *Maxima*

E ij

Cæsariensis , semblent par le nom de
Flavia tiré de celui qui étoit propre à la
famille de Constantin , & par le titre de
Cæsariensis , devoir se rapporter à Constance Chlore , qu'on sçait avoir com-
mandé en Bretagne avec le titre de César. Mais , on n'est point instruit sur l'é-
tendue & les limites de ces provinces.
On en voit une autre un peu plus tard
sous le nom de *Valentia* , que l'on juge
avoir été la plus reculée vers le rempart
de Sévere.

Pour entrer maintenant dans un détail
de peuples & de villes , le *Cantium* se
présente au premier abord , & il conserve
son nom dans celui de Kent. La ville
principale de ce coin de terre se nommoit *Durovernum* , & son nom actuel de
Canter - bury est celui du pays même ,
suivi d'un terme propre à désigner une
ville dans la langue Anglo-Saxone. Une
autre ville , *Duro-brivis* , a pris le nom
de Rof-chester , qui dans l'usage est Ro-

chester. Le port qui paroît le plus fréquenté sous les Empereurs pour aborder
en Bretagne, se nommoit *Rutupiæ*, vers
la pointe méridionale de l'isle nommée
Tanetos, ou Tanet, & où l'on connoît
aujourd'hui Sand-wik. Ce n'est pas qu'il
ne soit mention de Douvres sous le nom
de *Dubris*. On reconnoît à quelque distance vers le couchant une autre plage,
dont le nom de *Lemanis* est aujourd'hui
Lyme, & qui fut comme il y a lieu de
le présumer, l'endroit où César fit descente dans l'isle des Bretons. En traversant ensuite le territoire d'un peuple dont
le nom étoit *Regni*, on trouve des *Belgæ*;
& leur ville principale, appelée *Venta
Belgarum*, conserve son nom dans celui
de Wint-chester. Cette terminaison de
Chester, commune à bien des villes en
Angleterre, est une dérivation du terme
latin de *Castrum*, que la domination Romaine a pu établir & rendre familier
dans la Bretagne, & qui sous les Anglo-
Saxons ayant pris la forme de *Ceaster*, est

E iij

devevu Cefter ou Chefter dans l'ufage.
L'ifle *Vectis*, ou de Wight, foumife par
Vefpafien fous le règne de Claude, et
au-devant du canton qu'occupoient les
Belges dont il s'agit, de même qu'aujourd'hui vis-à-vis de la province de
Hamp-Shire. Des *Atrebates*, peuple que
fon nom particulier diftingue entre les
peuples Gaulois de la Belgique, étoient
contigus aux Belges de la Bretagne, en
tirant vers la Tamife. Sur la côte, les
Durotriges fuivoient les Belges, & *Dur-
novaria* leur ville eft aujourd'hui Dor-
chefter. Ce qui refte de la partie méridionale de la Bretagne, & qui eft refferré
par la mer jufqu'aux *Sabrinæ Æftuarium*,
appartenoit aux *Dumnonii*. Leur ville
nommée *Ifca*, fur une rivière de même
nom, conferve ce nom dans celui d'Ex-
chefter. On fait qu'en ce continent, l'extrémité qui a pris le nom de Corn-wall,
eft recommandable par l'étain qui s'y
trouve. Le débit de l'étain ayant fait un
objet confidérable de commerce chez les

Phéniciens & les Carthaginois, on donnoit le nom de *Cassitérides*, dérivé du terme grec qui désigne de l'étain, à des isles dont on le croyoit tiré. Quoique dans plusieurs Géographes de l'antiquité, il soit parlé de ces isles comme si elles étoient voisines du Finis-terre de l'Espagne, ce qui n'est point, on a tout lieu de croire que c'est à la pointe de l'isle Britannique qu'il faut rapporter les Cassitérides, & sans se borner aux petites isles ou rochers de Silly ou Sorlingues, comprendre sous ce nom des promontoires, qui séparés par des enfoncemens de mer à l'extrémité du continent, pouvoient être pris par des étrangers arrivans dans ces parages, pour des terres isolées : & outre le *Bolerium*, ou Land's-end dont il a été parlé précédemment, ce qu'on nomme aujourd'hui cap Lezard, appelé dans l'antiquité *Dumnonium* & *Ocrinum*, peut avoir part au nom des Cassitérides. Ce qu'on lit dans Diodore de Sicile, que l'étain des Cassitérides,

tiré par les habitans du *Bolerium*, est
transporté par eux dans l'isle *Vectis*, ne
permet aucun doute sur ce qu'il faut entendre par les Cassitérides.

Ayant ainsi terminé la bande méridionale, il faut se rapprocher de la partie
orientale. Chez les *Trinobantes*, nous
trouvons *Londinium*, Londres, dont il
est parlé dès le tems de la domination
Romaine comme d'une ville florissante
par le commerce. *Camalodunum* fut la
première colonie que les Romains éta-
blirent en Bretagne sous le règne de
Claude ; & son emplacement convenant
à Col-chester, on voit dans cette dénomination actuelle un reste du titre ou
surnom de *Colonia*, que cette ville paroît avoir porté par distinction. Les vestiges d'une ville ancienne nommée *Ve-
rulamium*, sont connus près de S. Albans
à 21 milles de Londres. Au nord des
Trinobantes, une cité également puissante, les *Iceni*, désignoient leur capitale
par le même nom de *Venta* que nous

avons trouvé chez les Belges ; & le lieu qu'occupoit cette ville eſt appelé Caſter, près de Norwich, ville principale de la province de Norfolk. Vers les ſources de la Tamiſe étoient les *Dobuni*. Nous ferons mention des *Aquæ ſolis* (eaux du ſoleil) déſignées actuellement par le nom de Bath, le même que Baden chez les Alemans, & qu'on ſçait être propre aux lieux diſtingués par des bains d'eau minérale. La poſition de Gloceſter ſur la Saverne, eſt celle de *Clanum* dans l'antiquité ; & le paſſage de la Saverne donne entrée chez les *Silures*, qui occupoient le rivage ſeptentrional du golfe qui reçoit cette rivière. Ils avoient une ville appelée comme pluſieurs autres *Venta*, & dont le nom ſe retrouve en celui de Caer-vent. Dans une autre ville nommée *Iſca*, différente de celle que nous avons vue de même nom chez les *Dumnonii*, réſidoit une légion Romaine, ce qui en fait connoître l'emplacement dans un lieu appelé Caer-leon, ſur une rivière dont le nom

d'Usk est évidemment le même que le
nom propre de la ville. Chez les *Demetæ*,
qui étoient contigus sur le même rivage,
la position de *Maridunum* est celle de
Caer-Marten. Dans le nord du pays de
Galles, dont la partie méridionale appartenoit aux peuples qu'on vient de nommer, les *Ordovices* n'étoient séparés que
par un canal étroit d'avec l'isle *Mona*, où
les Druides avoient des bois sacrés souil-
lés de sang humain. Cette isle a pris le
nom d'Angles-ey, dont la terminaison
pourroit se rapporter à ce qui est un mot
propre dans la langue de plusieurs peuples septentrionaux pour désigner une
isle, & c'est ainsi que les Orcades sont
appelées Orkn-ey. L'isle que l'on connoît
sous le nom de Man, avec lequel celui
de *Mona* paroît se confondre, & qui est
située au large entre le nord de l'Angleterre & l'Irlande, n'est point inconnue
dans l'antiquité, où son nom est *Mo-
nabia*.

Au levant des Ordovices, chez les

Cornavii, nous citerons *Deva*, dont il est mention comme du poste d'une légion dans la Bretagne supérieure : son nom aujourd'hui est Chester. Ajoutons *Viroconium*, pour dire que sa position n'étoit point celle de la ville de Worchester, mais d'un petit lieu nommé Wrocester, également sur la Saverne, un peu plus bas que Shrewsbury. *Lindum Colonia* conservant le nom de Lincoln, nous indique le canton des *Coritani*, au territoire defquels cette ville est attribuée ; & un golfe qui paroît avoir été nommé *Metaris Æftuarium*, devoit les féparer des *Iceni*, dont il a été parlé. Un peuple puiffant, à en juger par l'étendue de pays qu'il occupoit dans toute la largeur de l'ifle entre les deux mers, & du fud au nord depuis l'embouchure du fleuve *Abus*, qui est l'Humber, jufqu'au rempart d'Adrien, étoit celui des *Brigantes*. Dans ce canton, *Eboracum*, York, fe diftingue fur toute autre ville par la réfidence de l'empereur Sévère, & de Conftance Chlore, dans

leur séjour en Bretagne. Il y a de la vrai-
semblance à croire, que la province qui
fut appelée *Maxima Cæsariensis*, (grande
Césarienne) consistoit dans cette partie
de la Bretagne. La trace des voies mili-
taires, dont il subsiste de grands vestiges,
& sur lesquelles on reconnoît une mesure
de mille qui surpasse celle du mille Romain (826 toises, au lieu de 756) four-
niroit un grand nombre de lieux anciens,
qu'on a la satisfaction de retrouver, mais
dont le détail ne pouvant entrer dans une
description abrégée, est compris dans
une table destinée à y suppléer en cette
partie comme en beaucoup d'autres. On
peut dire de même à l'égard du *Vallum*
Hadriani, ou rempart d'Adrien, le long
duquel on distingue des places de défense peu écartées les unes des autres.
Du bord de Solwai-firth vers le couchant, il tendoit à *Luguvallum*, dans
l'emplacement que conserve Carlile, &
se terminoit d'un autre côté à un poste
appelé *Tinocellum*, près de l'embouchure

d'une rivière nommée *Tina*. Au-delà de cette rivière étoient les *Otta-tini*, sur le rivage oriental, & en tournant au couchant les *Selgovæ*, & les *Novantæ*, ceux-ci occupant la province Ecossoise de Gall-way, jusqu'à l'angle que l'on trouve être appelé *Novantum Peninsula*, ce qui désigne la presqu'isle dont cette province est terminée, & dont la pointe se nomme Mula, ou le Bec. Une ville remarquable par le nom de *Victoria*, & attribuée aux *Damnii*, pourroit avoir servi de monument à la victoire remportée par Agricola sur les Calédoniens, vers le mont *Grampius*. Les peuples en deçà du *Vallum*, ou rempart de Sévere, étoient en général appelés *Mæatæ*, par distinction d'avec les *Caledonii*, qui habitoient au-delà. On a dit précédemment, que ce rempart s'étendoit depuis la rivière *Glota*, ou de Clyd, jusqu'au *Bodotria Æstuarium*, qui se nomme aujourd'hui Firth of Forth. On est assuré par la signification propre du nom d'Edenburg, que c'est la position d'un poste appelé par les Romains *Alata Castra*, comme qui diroit camp qui a des ailes.

Ce qui n'étoit point renfermé dans l'étendue des limites plus ou moins reculées de la domination Romaine, étoit réputé barbare, & pourroit être distingué sous le titre de *Britannia Barbara*. Le nom des *Caledonii* paroît comprendre d'une manière générale plusieurs peuples particuliers dans ce qui fait la partie septentrionale de l'Ecosse : & les Calédoniens ne sont point à distinguer des *Picti*, dont le nom ne se trouve employé que postérieurement, mais qui par un terme emprunté de la langue romaine, exprime l'usage établi chez cette nation sauvage, d'avoir la peau imprimée de diverses figures colorées (*). Une autre nation, sortie de l'Hibernie, les *Scoti*, vint attaquer les Pictes, avant que la Bretagne fût perdue pour les Romains, pénétra même dans ce que la domination Ro-

______

(*) *Nec falso nomine Picti.* Claudien.

maine avoit occupé de plus reculé vers le nord, & fut dans la suite assez puissante pour enlever aux Saxons de l'Heptarchie Angloise, qui avoit succédé en Bretagne à cette domination, le royaume des Nordan-humbres, dont l'étendue pénétroit jusqu'au golfe voisin d'Edenbourg, vers la ligne que donne le rempart de Sévere. C'est ce qui a fait prendre à cette partie de l'isle qu'on appelle la Grande-Bretagne, le nom d'Ecosse, quoique les Scots proprement dits ne s'y distinguent que dans la partie occidentale, appelée High-land, parce qu'elle est plus haute que l'orientale, & montueuse. Entre les peuples de l'ancienne Calédonie, les *Horestæ* se trouvent cités dans l'histoire, & paroissent avoir habité au-delà du *Taum Æstuarium*, qu'on ne peut rapporter plus convenablement qu'à l'embouchure du Tay, la plus considérable des rivières de l'Ecosse. *Devana*, plus au nord, est la rivière que l'on nomme Dée, dont la ville d'Aber-déen, si-

tuée fur l'embouchure, tire fon nom.
Entre plufieurs peuples dont on ne trouve que les noms, les *Cornabii* paroiffent
devoir fe placer dans l'angle le plus reculé de l'Ecoffe, ce qu'on nomme aujour-
d'hui Cait-neff, en y employant le terme
en ufage chez plufieurs nations fepten-
trionales, pour défigner une terre fort
avancée dans la mer. L'extrémité de cette
pointe eft le promontoire, dont le nom
d'*Orcas* dans l'antiquité répond à fa proximité à l'égard des *Orcades*. Comme il
eft mention de ces ifles avant qu'une flote
Romaine fit le tour de la Bretagne du
tems qu'Agricola y commandoit, ce
qu'on lit dans Tacite, qu'elles furent
alors découvertes & foumifes, ne doit
s'entendre en rigueur que dans le fens
de la dernière de ces expreffions. L'antiquité n'ayant pas entièrement ignoré,
qu'il y a des ifles au couchant de l'Ecoffe,
& qui par cette fituation font appelées
Weftern-iflands, c'eft d'une manière trop
peu uniforme qu'il en eft mention, pour

qu'il convienne d'entrer ici dans quelque
détail sur ce qui les regarde. Ce qu'on
peut dire en général, c'est que le nom
d'*Ebudes* leur auroit été commun, & il
s'agit maintenant d'un objet plus important, qui est l'Hibernie.

HIBERNIA.

Le nom de cette grande isle se lit di-
versement. Celui d'*Ierne*, dans quelques
auteurs de l'antiquité, est en grand rapport au nom d'*Erin*, qu'elle porte chez
la nation qui l'habite, & duquel par
contraction s'est formé le nom actuel
d'Ire-land. Adjacente à la Bretagne,
mais fort inférieure en étendue, elle
est quelquefois appelée *Britannia minor.*
Dans les têms voisins de la chute de
l'Empire Romain en occident, on la
trouve nommée *Scotia*, & nous avons
vu que les *Scoti* en sont sortis, pour envahir le nord de l'isle Britannique. Les
Romains n'y ayant point porté leurs ar-

mes, n'en avoient de connoissance que par le commerce entre deux terres à la vue l'une de l'autre ; & il est difficile, & on peut dire presque sans intérêt, de reconnoître ce que la Géographie de Prolémée fournit de détail sur l'Hibernie, qui n'entre dans l'histoire que très-postérieurement aux tems de l'antiquité. Cependant, il y a des rapports à remarquer dans quelques circonstances principales. La figure donnée par Ptolémée est un parallelogramme, déterminé par des promontoires, deux vers le midi, & deux vers le nord. Sur le rivage oriental, vers le milieu de son étendue, la position d'une ville sous le nom d'*Eblana* convient à Dublin ; & l'embouchure d'une rivière un peu plus au nord, & nommée *Buuinda*, répond en conséquence à la Boyne. Le promontoire terminant ce côté vers le sud, & nommé *Sacrum*, est la pointe du sud-est de l'Irlande ; & celui qui s'en écarte vers le couchant, & qui est appelé *Notium*, ou méridional, peut se rapporter à ce qu'on nomme Cap Clear. Sur le rivage occidental, terminé par un promontoire nommé *Boreum*, ou septentrional, une rivière entre plusieurs autres, & désignée par le nom de *Senus*, se prendra pour le Shannon, la plus considérable des rivières du pays, & qui dans un ancien historien Breton porte le même nom que dans Ptolémée. De deux villes nommées également *Regia* dans l'intérieur de l'isle, celle qu'on voit reculée vers le nord fait jetter les yeux sur Armagh, qu'une tradition locale dit avoir été la résidence des anciens rois de cette partie de l'Hibernie appelée Ultonie, & qu'on sçait être un siége primatial pour l'isle entière. Une ville du même nom que celui qui est propre à cette isle, sçavoir *Jernis* ou *Juernis*, placée dans le centre de la partie méridionale, prendroit en conséquence la position de Cashil ou Cassel, une des principales de la province de Mown ou Momonie, si on n'aime mieux

faire attention à ce que dans le pays , à
quelque diſtance au couchant de Caſhil ,
on veut qu'il ait exiſté une grande ville ,
qui a été épiſcopale , & à laquelle on
donne le nom d'Awn. Entre pluſieurs
nations dont les noms ſont placés en
Hibernie , celui des *Brigantes* témoigne
qu'elle auroit reçu des colonies ſorties
de la Grande-Bretagne , & mêlées avec
les premiers inſulaires , dont une opinion actuelle rapporte l'origine à l'émigration d'un peuple Ibérien.

A cet article ſur l'Hibernie , il faut
joindre ce qu'on peut dire de *Thule* ou
Thyle , qui dans l'antiquité étoit réputée la plus reculée des terres dans l'O-
céan voiſin du ſeptentrion. La relation
d'un Marſeillois , nommé Pytheas , pluſieurs ſiècles avant l'Ere chrétienne , avoit
fait la célébrité de cette terre , quoique
la deſcription du climat , ſelon ce navi-
gateur , comme n'étant ni terre , ni mer ,
ni air, mais un compoſé des trois, fût aſſez

propre à décréditer son rapport. L'opinion qui prend l'Islande pour Thulé,
ne peut se soutenir contre une analyse
des circonstances qui sont données sur
Thulé, sans omettre même celles que
fournit le récit attribué à Pytheas, mais
dont la discussion ne conviendroit point
à un ouvrage du genre de celui-ci. On
apprend de Tacite, que la flote Romaine qui faisant le tour de la Bretagne
soumit les Orcades, eut en même tems
la vue de Thulé, ce qui ne peut avoir
de rapport qu'avec les isles de Shetland,
à moins de vingt lieues dans le nord-est
des Orcades. Et si dans Ptolémée on
considère la position de Thulé relative-
ment aux Orcades, on tiendra pour cer-
tain ce qui se conclut du fait rapporté
par Tacite. Nous trouverons bien dans la
suite une autre Thulé dans une région
septentrionale de l'Europe, mais qui séparée des Orcades par un espace de cent
lieues de mer, ne se confond point avec
la Thulé dont il s'agit actuellement.

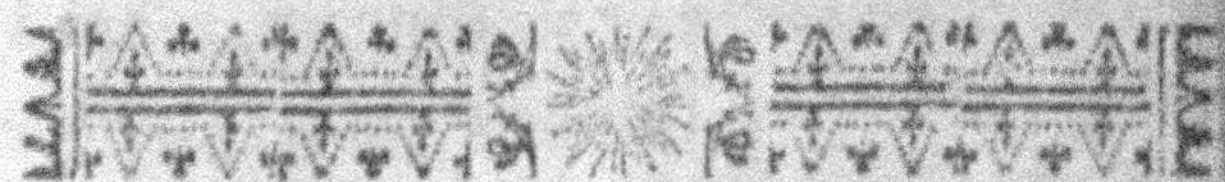

IV.

GERMANIA.

SÉPARÉE de la Gaule par le Rhin, la Germanie s'étend vers l'orient jusqu'à la Vistule, qui peut lui servir de limites du côté de la Sarmatie. Le rivage de la mer vers le septentrion, le cours du Danube vers le midi, la renferment ; & ce qu'aujourd'hui on voit compris dans l'Alemagne entre le Danube & les Alpes, n'appartient point à la Germanie. On y distingue trois fleuves principaux dans l'intervalle du Rhin à la Vistule, & prenant également leur cours vers la mer ; *Visurgis*, le Weser, *Albis*, l'Elbe, *Viadrus*, l'Oder. Une rivière moins considérable, *Amisus*, l'Ems, précéde le Weser dans cet ordre du couchant au levant ; & l'antiquité connoît encore en Germanie trois rivières que reçoit le Rhin, *Nicer*, le Nekre, *Mœnus*, le Mein, *Lupia*, la Lipe; & on peut faire mention de *Sala*, qui sous le même nom traverse la Turinge pour se rendre dans l'Elbe. Entre les autres circonstances locales, il n'en est point de plus remarquable que ce qui regarde la *Silva Hercynia*, ou forêt Hercynie, si vaste selon qu'il en est parlé, qu'elle semble couvrir cette terre, dont l'ancien aspect, sauvage comme il étoit (*), peut avoir été conforme à cette description, toute étrange qu'elle puisse paroître en comparaison de l'état actuel. Mais, il faut dire aussi, que le nom de Hercynie est un terme générique, subsistant en quelques endroits de l'Alemagne, qui sont appelés *der Hartz*. Et si l'on trouve quelques autres noms de forêts, comme est celui de *Gabreta silva*, ces noms paroissent propres à des parties de cette immense continuité de bois,

(*) *De formem terris, asperam cœlo, tristem situ cultu-que.* Tacite.

qui depuis le voisinage du Rhin s'étendoit jusqu'aux limites de la Sarmatie & la Dace. Les montagnes couvertes de ces forêts étoient désignées par le même nom, & les *Hercynii montes* se font remarquer principalement dans cette chaîne, qui envelóppe le *Boiohemum*, ou la Boheme. Quelques autres montagnes se feront connoître dans le détail que demande cet article concernant la Germanie.

Le nom de *Germani* n'étoit pas propre d'ancienneté à la nation. Il avoit été un tems, pendant lequel les Celtes prévaloient en puissance sur les peuples d'au-delà du Rhin; & des établissemens pris dans la Germanie par des nations Celtiques le font connoître. Mais, lorsque par vicissitude, des détachemens de peuples Germaniques vinrent envahir une partie de la Belgique, Tacite nous apprend, que ces étrangers devenus supérieurs par les armes, furent appelés *Germani*, & dans la langue Tudesque ou Germanique on trouve que *Ger-man* signifie

gnifie un homme de guerre. Le nom
d'Alemagne que nous donnons à la Germanie, vient d'un peuple particulier,
dont la première mention qui foit faite
eft du commencement du troifième fiècle, fous le règne de Caracalla. Ce nom
d'*Alé-man* fignifie au propre multitude
d'hommes, & les *Alemanni* paroiffent
établis dans ce qu'on appelle aujourd'hui
la Suabe en defcendant jufqu'au Mein.
Mais, la nation qui fortit de la ligue des
Franci, formée dans le même fiècle vers
la partie inférieure du Rhin, étant parvenue à un plus haut degré de puiffance,
le nom d'*Alemannia*, borné dans le
moyen-âge aux rives du Rhin en Alface
comme en Suabe, & à une partie de la
Suiffe, n'eft point celui que l'Alemagne
elle-même ait adopté. Quant au nom
actuel & Teutonique de *Teutfch-land*, on
ne peut fe difpenfer de remarquer qu'il
rappelle celui des *Teutones*, quoiqu'il
n'en foit mention dans l'antiquité que
comme affocié au nom des Cimbres,

F

dont l'irruption environ un siècle avan[t]
l'Ere chrétienne, porta la terreur juf[-]
qu'en Italie, & ne fut arrêtée que pa[r]
les victoires de Marius. Si entre les peu[-]
ples ou les contrées de la Germanie, o[n]
cherche un nom qui paroisse dominan[t]
par son étendue, c'est celui de *Suevi* &[]
de *Suevia*.

Pour prendre maintenant quelqu[e]
connoissance des différens peuples, i[l]
convient de commencer par le voisinag[e]
du Rhin, en remontant de la mer juf[-]
qu'au Danube ; & de-là en pénétran[t]
dans la partie intérieure, on sera con[-]
duit jusqu'aux rivages de la Mer Balti[-]
que. Les *Frisii*, ou Frisons, séparés d[e]
la Gaule & du territoire des Bataves []
par le bras du Rhin qui conserve for[]
nom, se présentent ainsi les premiers[.]
Leur pays étoit coupé par un canal de ri[-]
vière, nommé *Flevo*, qu'une dérivatio[n]
faite par Drusus des eaux du Rhin dan[s]
l'Issel, avoit enflé au point de former u[n]

lac, dont l'iſſue dans la mer étoit forti-
fiée d'un château portant le même nom.
Ce lac ayant été dans la ſuite fort aggrandi
par la mer, eſt ce qu'on nomme aujour-
d'hui Zuyder-zée, ou mer méridionale;
& de pluſieurs paſſes qui y donnent entrée en venant de la grande mer, celle
que l'on nomme Vlie déſigne l'embouchure du *Flevo*. Une flotte romaine com-
mandée par Druſus, étant entrée dans
l'Océan par cette embouchure, s'empara
d'une iſle nommée *Byrchanis*, que non-
obſtant les changemens arrivés ſur ce rivage entamé par la mer, on reconnoît
dans le nom de Borkum à l'entrée de
l'Ems. Au-delà habitoient les *Cauci*, di-
ſés comme on auroit pu le rapporter
auſſi des Friſons, en *Majores* & *Minores*,
ceux-ci en deçà du Weſer, les autres
entre le Weſer & l'Elbe. C'étoit une
des plus illuſtres nations de la Germanie,
ſelon Tacite, & recommandable par ſon
amour pour la juſtice : Mais, Pline repréſente comme très-miſérable la vie que

mènent ceux qui habitent une plage ex
posée aux inondations de la marée. Entr
le Rhin & l'Ems au-deſſus des Friſon
étoient les *Bructeri* ; & quoiqu'il en ſo
parlé dans Tacite comme d'une natio
détruite par la haine de ſes voiſins, ce
pendant on la voit figurer des premièr
dans la ligue des Francs. On lit qu'un
partie du pays que tenoient les Bructer
fut occupé par les *Chamavi*, & par l
Angrivarii. Les premiers ayant aupar
vant habité les rives du Rhin, y avoie
été remplacés ſucceſſivement par les *T*
bantes & les *Uſipii* ; & on croit que l
ſeconds établis ſur le Weſer, dans
voiſinage des *Cheruſci*, ont donné le no
à l'Angarie, ou Angrie, qui fut le d
maine du fameux Saxon Witikind, qu
Charlemagne eut tant de peine à réduir
à l'obéiſſance. Par la mention qui e
faite des *Marſi*, on connoît qu'ils appa
tenoient au même canton. Les Chéru
ques s'étendoient ſur l'une & l'autre riv
du Weſer, au-deſſus des Cauques. Ayan

leur tête Arminius, ils s'étoient fait un nom par la défaite entière de trois légions romaines que commandoit *Varus*; & le *Saltus Teutoburgiensis*, qui fut le champ de cette sanglante expédition, fait partie de l'Evêché de Paderborn. Un autre champ nommé *Idistavisus*, où Arminius fut vaincu par Germanicus, a beaucoup de rapport par les circonstances de cette action à celui d'Hastenbek, où l'armée Françoise remporta une victoire en 1757. Il est ensuite parlé des Chérusques comme d'une nation abatardie, & qui paroît soumise à une puissance voisine, qu'on pourroit croire être les Cauques, dont les dépendances sont portées dans Tacite jusqu'au territoire des Cattes. Les victoires de Germanicus ayant causé la ruine des Chérusques, un peuple qui étoit limitrophe, les *Fosi*, eut part à la même disgrace. Les *Chas-suarii* méritent d'être cités, s'ils sont le même peuple que les *Attuarii* dans la ligue des Francs. Un *Trophée* élevé par

Drusus, père de Germanicus, sur le bord de l'Elbe en Turinge, signaloit le progrès des armes romaines en cette partie de la Germanie.

Mais, il faut se rapprocher du Rhin. Les *Sicambri* habitoient sur le côté méridional du cours de la Lipe. Pressés par des voisins puissans, qui étoient les Cattes, autrement les Suèves, comme ils sont nommés au sujet des *Ubii*, en faveur desquels César passa le Rhin à l'extrémité du territoire des *Treveri*, les Sicambres de même que les Ubiens furent reçus dans la Gaule, sur la rive gauche du Rhin, sous le règne d'Auguste; & on croit que le peuple qui dans cet emplacement porta le nom de *Gugerni* étoit Sicambre. Les *Tenéteri* remontoient un peu plus haut que n'avoit été la demeure des Sicambres. Une nation supérieure en puissance aux précédentes étoit celle des *Catti*, qui par César sont appelés *Suevi*. Ils occupoient la Hesse jusqu'à la Sala dans la Turinge, & la

Wétéravie jufqu'au Mein. Entre autres circonftances qui relèvent le mérite de cette nation dans Tacite, la fcience de la guerre diftingue les Cattes, indépendamment de la bravoure qui étoit commune aux nations Germaniques. Une place dont il eft mention fous le nom de *Caftellum*, conferve ce nom dans celui de Caffel. Il eft parlé de *Mattium* comme de la capitale des Cattes, & on croit que cette ville eft Marpurg. Quoiqu'on life dans Tacite, que les Germains n'ont point de villes, parce qu'ils aiment à prendre leur demeure à l'écart les uns des autres, cependant il eft naturel de croire, que dans chaque cité ou canton il y avoit quelque lieu principal d'habitations raffemblées. Le rapport du nom de *Mattium* à celui des *Mattiaci*, dont il faut parler, fait penfer que ce lieu conviendroit à ce peuple, qui auroit fait partie du corps de la grande nation des Cattes, dont étoient fortis les *Batavi*, établis à l'extrémité de la Gaule. Une

alliance étroite uniſſoit les Mattiaques
à l'Empire Romain. On remarque même
qu'une partie de leur territoire, contiguë
au Rhin & au Mein, étoit couverte &
ſéparée du pays ultérieur par un *vallum*,
ou retranchement, dont il ſubſiſte des
veſtiges ; & ſur le mont nommé *Taunus*,
dont la crête règne depuis le bord du
Rhin juſqu'au-deſſus de Francfort, un
poſte avoit été fortifié par Druſus. Ce
qu'on nomme aujourd'hui Wis-baden,
au pied de ce mont, vis-à-vis de Maïence, repréſente les *Aquæ Mattiacæ*. De
ce canton en remontant le Rhin, le
cours de ce fleuve ne doit point être regardé comme une détermination abſolue
de limites, dont le pays de l'obéiſſance
romaine auroit été borné. On connoît
un lieu romain du nom d'*Aquæ*, auquel
répond la poſition de Baden au-delà du
Rhin. Des Gaulois étoient entrés dans
ces terres, ſur des limites indéciſes, &
que l'émigration d'un peuple Germanique, les Marcomans, qui ſe portèrent

fur la Bohème, avoient ouvertes entre
le Rhin & les fources que prend le Danube au pied du mont *Abnoba*, qui eft
la montagne noire. C'eft ce qu'on trouve
dans Ptolémée défigné fous le nom de
défert des Helvétiens; & ces terres ont
été appelées *Decumates Agri*, parce
qu'elles fupportoient une impofition du
dixième de leurs fruits. Plufieurs ont
penfé, que les *Alemanni* fortirent du
peuple des Décumates. Mais, en fuppofant que ces *Ale-manni* étoient com-
pofés de différens peuples, comme on
pourroit l'inférer du nom qui les diftin-
guoit, il eft néanmoins vraifemblable,
qu'ils étoient plus Germains & Suèves
que Gaulois. Car, d'où viendroit le nom
actuel de Suabe, qui eft devenu propre
à ce canton de l'Alemagne, quoique
fort éloigné de l'ancienne & primitive
Suévie, puifque le nom de *Suevi* dans
fon emploi le moins écarté tombe fur
la nation des Cattes au-delà du Mein?
Quoi-qu'il en foit, il faut reconnoître,

F v

que la domination romaine s'étendoit
dans ce qui a pris le nom de Suabe ; &
cette extension fut même fixée dans ses
limites & protégée par un mur sous le
règne de Probus, embrassant environ
soixante lieues du cours du Danube depuis ses sources, ce qu'on croit s'être
maintenu jusqu'au tems de Dioclétien &
de Maximien.

Les *Hermunduri*, nation puissante, &
affectionnée au nom romain, s'étendoient ensuite depuis la rive du même
fleuve jusque fort avant dans l'intérieur
des terres, disputant aux Cattes la possession de la Sala, & de la saline qu'en-
tretiennent les eaux de cette rivière dans
la ville de Hall, & n'ayant pour borne
que l'Elbe, par lequel les Hermundures
étoient séparés d'une autre grande nation, dont il sera parlé dans la suite ;
& on voit par cette situation que ce district étoit adossé à la Bohème. Plus bas
sur la même rive du Danube, les *Narisci*
succédoient aux Hermundures, & pa-

roiſſent reſſerrés par le *Boiohemum*. Dans ce nom de pays, celui du plus ancien peuple qu'on connoiſſe pour l'avoir occupé, eſt ſuivi d'un terme de la langue Germanique qui ſignifie habitation, demeure ; & ce nom eſt reſté au même pays, en ſubſiſtant dans celui de Bohème, quoique les *Boï* y ayent fait place aux Marcomans, & ceux-ci à une nation Slavone ou Sarmate, qui l'habite actuellement, & même depuis long-tems. On connoît par Céſar des *Boï* aſſociés à la nation Helvétique, & les Helvétiens ſelon Tacite, s'étoient avancés juſqu'au Mein. Les *Marcomani* ou *Marcomanni*, & leur roi Maroboduus, voulant ſe ſouſtraire au joug de la domination romaine, s'éloignèrent du Rhin & du Mein ſous le règne d'Auguſte, & enlevèrent aux Boïens le pays qui avoit pris leur nom, que le même peuple en évacuant ce pays a tranſporté dans ce qui s'eſt appelé Boïoarie, Bayer, ou Bavière. Le plus reculé des peuples Germaniques ſur le

Danube, entre les Marcomans & la nation Sarmate des Iaziges, les *Quadi*, qui figurent en plufieurs endroits de l'hiftoire, fur-tout du règne de Marc-Aurele, occupoient ce qu'on appelle la Moravie. Sous Tibère, des bandes de Germains, qui avoient fuivi des princes chaffés de leurs états, furent placés fur le Danube, entre les rivières de *Marus* & de *Cufus*, Morava, qui fépare la Moravie de la Hongrie, & Vag. L'établiffement fait alors d'un roi de la nation des Quades, nommé Vannius, étendit cette nation, qui fous Marc-Aurele eft citée comme ayant pouffé fes limites jufqu'au fleuve *Granua*, ou le Gran, dont l'embouchure dans le Danube eft fur la rive oppofée à la ville de même nom, autrement appelée Strigonie.

L'intérieur de la Germanie peut être confidéré fous le nom général de *Suevia*. C'eft de-là que plufieurs nations Germaniques empruntent le nom de *Suevi* fous lequel elles paroiffent. La Suévie étoit partagée entre différents peuples, distingués les uns des autres. Les *Semnones* se disoient la plus ancienne & la plus noble des nations Suéviques, & s'étendoient depuis l'Elbe jusqu'au-delà de l'Oder. Derrière les Marcomans & les Quades, selon que Tacite s'exprime, étoient les *Marsigni*, *Gothini*, *Osi*, *Burii*, ce qui range ces peuples vers l'Oder, au-dessus des Semnones. Il est parlé des *Lygii* comme d'une nation très-puissante, composée sous ce nom de plusieurs peuples, & dont la demeure, limitrophe des Sarmates, paroît avoir été sur la Warta qui tombe dans l'Oder, & sur la Vistule. Une ville que donne Ptolémée en ce canton, sous le nom de *Calisia*, se retrouve avec évidence dans celle de Kalitz, qui est Polonoise & frontière de la Silésie. Il étoit glorieux, dit Tacite, aux *Langobardi*, qu'il nomme à la suite des Semnones, & qu'on peut supposer placés sur la Sprée, qui communique avec l'Elbe, de se soutenir quoique peu nombreux, dans le voisinage de peuples beaucoup plus puissans. En voyant ces Lombards renfermés dans la Suévie, croira-t-on que ceux qui entrèrent en Italie avant la fin du sixième siècle, fussent originaires d'un pays que la mer Baltique sépare de la Germanie, selon ce qui est rapporté dans Paul-Diacre, qui néanmoins étoit Lombard de nation ? Leur nom, qui selon cet historien signifioit longue barbe (*), pouvoit avoir été employé en différentes régions. Au delà des Lygiens, selon Tacite, étoient les *Gothones*, qu'on a quelque notion d'avoir été près de la mer. Le nom des *Rugii* subsiste dans celui de Rugen-wald, que porte une ville maritime de la Poméranie ultérieure, de même que l'isle adjacente à la partie citérieure du même pays, se nomme Rûgen. On croit trouver les *Varini* dans le Meklbourg ; & tout ce qui approche de ce rivage, paroît avoir été compris sous le nom de

______

(*) *Ab intactæ ferro barbæ longitudine.*

Vindili, le même que les Vandales ont rendu célebre, & auxquels étoient unis les *Burgundiones*, dont le nom se conserve en France dans les provinces de Bourgogne, qu'ils ont occupées. L'entrée de la Chersonèse Cimbrique, ou presqu'isle des Cimbres, ce qui répond à ce qu'on nomme le Holstein, contenoit deux nations, que leurs progrès ont fort illustrées, d'un côté les *Angli*, de l'autre les *Saxones*, & ceux-ci sur le rivage de la grande mer, mais bornés dans leur état primitif par la droite de l'embouchure de l'Elbe, quoiqu'actuellement le nom de Saxe, sous lequel la West-falie peut être comprise, s'étende ainsi du Rhin jusqu'à l'Oder. La grande émigration des Cimbres avoit réduit les restes de la nation à n'être plusieurs siècles après qu'une peuplade peu nombreuse, mais que le souvenir de l'ancienne gloire de cette nation rendoit respectable (*). On voit bien que *Chersonesus Cimbrica* est le

____

(*) *Parva nunc civitas, sed gloriâ ingens.* Tacite.

Danemark, dont la partie septentrionale
demeurée aux *Cimbri*, a pris le nom de
Jut-land de celui d'un peuple, qui n'est
connu que postérieurement au terme
dans lequel se renferme l'ancienne Géographie. Une flote romaine sous le commandement de Drusus, avoit poussé la
découverte jusqu'à reconnoître la pointe
qui termine cette terre, & nommée actuellement Skagen. Dans cette navigation, qui au rapport de Pline donna aux
Romains la connoissance de vingt-trois
isles, celles qui bordent la côte occidentale du Danemark, & dont la mer a
couvert une partie, comme elle a pu
entamer le rivage du continent voisin,
devoient être de ce nombre. On voit
dans Ptolémée trois isles des Saxons, un
peu plus au nord que l'embouchure de
l'Elbe. Tacite parle d'une isle de l'Océan,
destinée par les peuples qu'il nomme dans
cette partie du continent, à une cérémo-
nie religieuse en l'honneur de *Hertha*,
ou de la Déesse de la Terre. Quoique le

fentiment de plufieurs ait été de rapporter cette ifle à celle de Rugen, il y a
plus de vraifemblance à la reconnoître
dans Helg-land, c'eft-à-dire ifle fainte,
fituée au large de l'embouchure de l'Elbe,
& dont il ne refte aujourd'hui qu'une
éminence, la mer ayant couvert un terrain beaucoup plus fpatieux dans les années 800 & 1300, ou environ. Nous
aurions ainfi terminé la defcription de
ce qui borne communément la Germanie, fi dans les anciens la Scandinavie
n'y paroiffoit annexée, & ne demandoit
pas un fupplément fur ce qui la concerne.

SCANDINAVIA.

ELLE eft auffi nommée par abbréviation *Scandia*, & dans les écrivains d'un tems poftérieur on lit *Scanzia*. L'antiquité connoît encore un autre nom, qui eft *Baltia*, remarquable par fon rapport à celui de Mer Baltique, qui borde la Scandinavie. Cette mer baignant d'u autre côté le rivage de Germanie qu'occupoient des peuples Suèves, est appelée *Mare Suevicum* par Tacite. Dans d'autres auteurs, elle est distinguée comme un golfe particulier, sous le nom de *Sinus Codanus*. Les anciens n'avoient qu'une connoissance très-imparfaite de la Scandinavie, la croyant toute enveloppée de la mer, ou même un composé de plusieurs isles. La manière dont les isles du nom de Scandie sont figurées dans la carte dressée d'après Ptolémée, ne peut prendre quelque rapport au local, qu'en se bornant à l'extrémité méridionale de cette terre, qui dans le nom de Skane ou Scanie rappelle l'ancienne dénomination, & dont les isles Danoises, Seeland, Funen, font l'accompagnement. Tacite, qui sans nommer la Scandinavie, parle de cette contrée comme étant environnée de l'Océan, qui forme des golfes spatieux, & embrasse des isles de grande étendue, l'adjuge à la Suévie, & y place deux nations. Ce qu'il rapporte des *Suiones*, qu'ils ont une marine & des flotes, paroît très-remarquable, quand on pense aux anciennes loix concernant la navigation, qui sont sorties de Wis-by dans l'isle de Gotland de la Mer Baltique. La contrée où l'on est conduit par Tacite, conserve le nom de *Sueonia* dans les écrivains du moyen-âge, en parlant précisément de la Suède. La nation nommée en second lieu, les *Sitones*, où le commandement étoit entre les mains d'une femme, paroît avoir habité la Norwege. Selon Pline, la partie de la Scandinavie qui seule fut connue, comme il s'en explique, étoit occupée par les *Hilleviones*, nation nombreuse. Entre divers noms de pays & de peuples, que rapporte Jornandès, on trouve Hallin, & ce qui est contigu à la province particulière de Skane, se nomme encore actuellement Hall-land. Quoique le nom propre d'une contrée principale dans l'ancienne Scandinavie soit celui de Gothie, & que selon les historiens des

Goths, *Scanzia insula* fut le berceau de cette illustre nation, il faut dire néanmoins qu'il n'y est fait aucune mention expresse de leur nom dans les écrivains Romains. Mais on pourroit conjecturer, qu'un peuple nommé *Gutæ* dans Ptolémée y auroit quelque rapport, en remarquant dans Jornandés, qu'une nation distinguée entre plusieurs autres de la même contrée, comme très-valeureuse & guerrière, étoit appelée *Gauti-Goth*.

Dans la croyance où l'on étoit, que ce qui compose le continent de la Scandinavie étoit partagé en plusieurs isles, on trouve en lisant Pline, les noms de *Bergon*, & de *Nerigon*, comme propres à des isles, de la première desquelles on s'embarque pour Thulé. Il est évident qu'il s'agit d'abord de Berghen, une des villes principales de la Norwege, ayant un port très-fréquenté; & le nom qui succede étant attribué à la plus grande de ces isles, est applicable au pays même, dont la dénomination propre & locale est Norge. Le *Sevo mons* du même auteur, qui le croit comparable à l'idée qu'on se faisoit des monts Riphées, ne sauroit être que la grande chaîne des montagnes de ce pays, & dont le nom générique de Fiell prend des noms particuliers en différents endroits. Mais, on reconnoît encore dans cette contrée celle de *Thule* décrite par Procope, & dont la dénomination se conserve dans un canton nommé Tele-mark. Il est constant que cet historien nous place dans la Scandinavie, en comprenant le peuple appelé *Scrito-Finni* dans Thulé. Ces Finois sont ainsi appelés, c'est-à-dire sauteurs selon Paul-Diacre, par la légéreté & vivacité de leur course sur la glace & les neiges, ayant des planchettes de bois sous les pieds. L'angle que forment les golfes de Bothnie & de Finlande, en se séparant de la Mer Baltique, donnoit l'apparence d'une grande isle particulière appelée *Finningia.* Tacite décrit la condition des *Fenni* ou *Finni*, comme très-misérable, & celle des Finois de Thulé n'est guère meilleure dans Procope. Jornandés parlant de cette nation comme de la plus douce par caractère dans la Scanzie, on pourroit en faire l'application aux Lapons, dont autrement il n'est fait aucune mention. Ce qu'on lit dans les anciens sur la nature de la mer qui enveloppe le nord de ce continent, fait voir qu'elle leur étoit bien peu connue. Si les Cimbres la nommoient *Mori-marusa*, ou mer morte, au rapport de Pline, on trouve en effet la même signification de ces termes dans les langues septentrionales. Le *Rubeas promontorium*, cité dans le même auteur, comme étant avancé dans cette mer, ne paroît ainsi plus convenable qu'à ce qu'on appelle le Nord-Cap.

V.

RHÆTIA.
NORICUM
ET
PANNONIA.
ILLYRICUM.

En rassemblant ces différentes contrées dans une même section, c'est remplir ce qu'il y a d'espace depuis la rive droite ou méridionale du Danube, jusqu'aux Alpes & jusqu'à la mer Hadriatique. Et pour que la distinction à faire entre chacune de ces parties, indépendantes les unes des autres, ne souffre point de ce qu'elles sont ainsi rassemblées, il est convenable d'en traiter sous le titre qui appartient à chacune en particulier.

RHÆTIA.

Ce nom est aussi écrit *Rætia*, sans l'aspiration d'une orthographe greque ; & à la Rhétie dans cet article sera jointe la Vindelicie. La Rhétie proprement dite occupe les Alpes, depuis la frontière du pays Helvétique de la Gaule, jusqu'à la Vénétie & aux limites du Noricum, dont elle est bornée vers l'orient. La Vindelicie lui reste au nord, & le plat-pays de la Gaule Cis-alpine vers le midi. En appliquant le nom de *Rhætia* au pays des Grisons, on n'embrasse ainsi qu'une partie de l'ancienne Rhétie. Les sources & le cours du Rhin, jusqu'à son entrée dans le lac qui prend communément le nom de la ville de Constance, le cours du fleuve *Œnus*, ou de l'Inn, depuis sa source jusqu'au point où il borne le Noricum, appartiennent à la Rhétie : & sur le penchant des Alpes qui regarde

regarde le midi, c'est dans la Rhétie que *Ticinus*, ou le Tesin, *Addua*, ou l'Adda, *Athesis*, ou l'Adige, ont leurs sources & le commencement de leur cours. Quoiqu'il soit dit des *Rhæti*, qu'ils étoient une colonie des *Tusci*, ou Toscans, nation civilisée, établie dans le pays que des Gaulois vinrent envahir en Italie, ce peuple devenu sauvage dans les montagnes qu'il habitoit, & infestant la Gaule Cis-alpine, fut subjugué sous le règne d'Auguste par Drusus : & parce que les *Vindelici* avoient armé en faveur de leurs voisins, Tibère envoyé contre eux les réduisit également à l'obéissance. Cette double conquète forma une province, qui fut appelée Rhétie, comprenant la Vindélicie, sans en éteindre tout-à-fait la distinction. Mais, dans la multiplication que Dioclétien, & quelques empereurs après lui firent des provinces, la Rhétie fut partagée en deux, première & seconde Rhétie, ce qui faisoit reprendre à la Rhétie proprement dite, & à la Vindélicie, leur état primitif de contrées distinctes l'une de l'autre.

D'un assez grand nombre de peuples particuliers cantonnés dans les montagnes, nous ne citerons que les principaux. On reconnoit les *Sarunetes* dans la position de Sargans, en resserrant les limites de l'Helvétie sur la gauche du cours du Rhin. Sur la droite, le nom de *Curia*, duquel se tire celui de la ville de Coire, désigneroit un lieu principal dans ce canton de la Rhétie, comme cette ville l'est encore chez les Grisons. Les *Lepontii* occupoient les hautes Alpes, d'où coulent le Rhin, le Rhône, le Tésin; & le nom de Leventina, qui distingue entre plusieurs vallées celle que parcourt le Tésin, est dérivé du nom de cette nation, laquelle d'un autre côté s'étendoit dans la Vallée Pennine, & tenoit *Oscela*, aujourd'hui Domo d'Osula. On reconnoît les *Focunates* dans le nom de Vogogna. La plus grande partie du *Lacus Verbanus*, qui est le Lac Majeur, paroît entrer dans les limites de la Rhétie. Il est parlé des *Vennones* comme étant situés au-dessus du *Lacus Larius*, ou lac de Come, en tirant vers le levant, ce qui paroît leur attribuer la Val-Telline. Le nom des *Camuni* se conserve dans le Val Camonica, près des sources du fleuve *Ollius*, ou Oglio. Sur les limites de la Vénétie, *Tridentum*, Trente, *Feltria*, Feltre, appartiennent à la Rhétie. Les *Brixentes* ont communiqué leur nom à la ville de Brixen, quoiqu'elle ne soit point connue dans l'antiquité, & qu'un lieu nommé *Sabio*, aujourd'hui Seben, & peu considérable, fût le principal de ce canton. Il est mention de *Terioli*, comme d'un poste militaire, & ce château dans la vallée où l'Adigé prend sa source, a donné le nom au Tirol.

Il faut maintenant parler du pays des *Vindelici*, qui depuis la ville de *Brigantia*, ou Bregentz, sur le lac qui en prenoit le nom de *Brigantinus*, avant que d'être appelé lac de Constance, s'étendoit jusqu'au Danube ; & que la partie inférieure du cours de l'*Œnus*, ou de l'Inn, séparoit du Noricum. Une puissante colonie étoit établie dans l'angle formé par deux rivières, *Vindo* & *Licus*, dont il semble que la nation tirât son nom de *Vindelici* ; & celui d'*Augusta* donné à cette colonie, se conserve comme on sait dans celui d'Augsbourg, entre les deux rivières, Leck & Wertach, dont la première sépare actuellement la Suabe d'avec la Bavière. En faisant choix de quelques autres lieux, on citera *Cambodunum*, anjourd'hui Kempten. Une position distinguée sur une voie romaine, sous le nom de *Samulocenis*, conviendroit à Saulgen, qui est pareillement dans la Suabe. Sur le Danube, *Regina* conserve son nom dans celui de Regensburg, & ce nom lui vient de la rivière de Regen, que le fleuve reçoit sur la rive opposée à l'emplacement de cette ville, que notre usage est d'appeler Ra-tisbone. Plus bas, & sur une pointe de terre au confluent de l'Inn, la position de *Batava castra* est celle de Passau. Un lieu nommé *Pons Œni*, ou *Æni*, est placé par la direction d'une voie romai-ne au lieu nommé actuellement Mul-dorf. Il ne sauroit être pris pour Ins-pruk, comme le rapport de dénomina-tion dans le langage germanique le fe-roit croire ; & si l'antiquité connoît une position qui soit applicable à Inspruk, c'est *Veldidena*, dont le nom se conserve dans un petit lieu contigu appelé Vilten.

NORICUM.

Il s'étendoit le long de la rive méridio-nale du Danube, depuis l'embouchure de l'Inn jusqu'au mont *Cetius*, qui s'en-fonce dans un coude que forme le Da-nube peu au-dessus de la position de Vienne. Embrassant la partie supérieure

du cours du *Dravus*, ou de la Drave,
& comprenant ce qui compose aujour-
d'hui la Carinthie & la Styrie, c'est par
le sommet des Alpes que le Noricum
étoit borné vers le midi. Ce pays dont
il est d'abord parlé comme ayant un roi,
suivit le sort de la Pannonie, lorsqu'elle
fut soumise, & le Noricum devint également une province sous le règne d'Auguste. Dans la suite, & par la multiplication des provinces, on distingua un
Noricum ripense, adjacent au Danube,
d'avec un *Noricum mediterraneum*, écarté
du fleuve, & reculé vers les Alpes.

Pour parler ensuite des places les plus
considérables, *Boio-durum* étant du Noricum, sans autre intervalle de *Batava
Castra* en Vindélicie que le cours de
l'Inn, sa position doit se rapporter à
celle d'Inn-stat, vis-à-vis de Passau. Nous
avons vu en traitant de la Germanie,
que les *Boii*, auxquels les Marcomans
enlevèrent la Bohème, occupèrent le
pays qui prit le nom de Boïoarie; & ce

pays qui fut plus étendu que ce qui conserve le nom de Bavière, descendoit le long du Danube, en comprenant la haute Autriche, jusqu'à la rivière d'Ens, dont le nom d'*Anisus* n'est point connu dans l'antiquité. *Lauriacum* paroît avec supériorité entre les places du Noricum, & une flotte romaine y étoit en station sur le Danube. Ce n'est plus aujourd'hui qu'un très-petit lieu sous le nom de Lorch, à la rive du fleuve, peu au-dessus du confluent de l'Ens. La ville actuellement principale sur cette rive, sçavoir Lentz, trouve son nom dans celui de *Lentia*. Une autre ville qui figuroit dans ce canton, *Ovilabis*, est Wels, sur le Traun, que reçoit le Danube entre Lentz & Lorch. Plus avant dans les terres, on sçait que *Juvavum* est Saltzbourg, sur une rivière dont le nom est Salza. En approchant de la Drave, la position de *Solua* se fait connoître par le nom d'un champ appelé Zol-feld; & on peut croire que la ville aujourd'hui capirale de la Carinthie, Clagenfurt, a profité de ce qu'une ancienne ville, qui en étoit peu éloignée, n'existe plus. *Virunum* prend ensuite son emplacement près de la Drave, & vers le lieu nommé Wolk-markt. Une position de *Noreia* est remarquable, en ce qu'il est dit qu'elle avoit été occupée par un corps de Boïens, qui est à distinguer du gros de la nation établi en Bohème, & d'un tems antérieur à l'invasion des Marcomans, qui fit passer cette nation dans le Noricum. *Celeia* gardant sa position dans celle de Cillei, est la plus reculée que nous ayons à citer en ce qui appartient au Noricum.

PANNONIA.

ELLE bordoit la rive droite du Danube, depuis la frontière du Noricum, jusqu'à l'embouchure de la Save, le pays qui est au-delà du fleuve étant occupé, depuis les limites de la nation Germanique des

Quades, par des Sarmates appelés Iaziges. Du côté méridional la Pannonie
étoit bornée par la Dalmatie, comprise
dans l'Illyricum. Elle recevoit la Drave à
la sortie du Noricum, & renfermoit la
plus grande partie du cours de la Save.
Dans la guerre qu'Auguste, & ne portant encore que le nom d'Octavien, fit
aux Iapydes & aux Dalmates de l'Illyricum, les armes romaines pénétrèrent
jusque chez les Pannoniens; & ce fut
Tibère chargé du commandement dans
ces contrées, qui réduisit la Pannonie en
province. Elle étoit divisée dès le tems
des Antonins en supérieure & inférieure,
& l'embouchure du fleuve *Arrabo*, ou
Raab, dans le Danube, en faisoit la séparation, selon Ptolémée. Dans la suite
on y employa les termes de première &
seconde, comme dans les autres provinces de l'Empire. On en voit postérieurement une troisième, sous le nom de
Valeria, entre la première & la seconde;
& cette seconde occupant les rives de la

G v

Drave & de la Save , être appelée *Savia* , ce qui donne actuellement à un canton de cette Pannonie le nom de Po-Savia , exprimant en Slavon la situation adjacente au cours de la Save. Entre divers peuples que l'on trouve nommés dans l'étendue de la Pannonie, les *Scordifci* & les *Taurifci* veulent être diftingués. Gaulois d'origine , & écartés de leur ancienne demeure , comme les *Boii* , ils étoient féparés par le *Mons Claudius* , qui paroît s'étendre entre la Drave & la Save ; & on fçait d'ailleurs que les Scordifques avoient pénétré fort avant dans la Mœfie , qui fuccede à la Pannonie fur la même rive droite du Danube.

La première des villes de la Pannonie fupérieure , en fuivant le Danube , & peu au-deffous du pied du *Mons Cetius* , appelé aujourd'hui Kalenberg , *Vindobona* eft affez connue pour être Vienne. Mais , un peu plus bas , & à peu-près vis-à-vis de l'embouchure de la Morava , *Carnuntum* étoit la principale des places

fur ce bord du Danube : & à l'égard de fa
pofition, fur laquelle on varie entre un
lieu nommé Petronel & celui de Haim-
bourg, un petit lieu intermédiaire paroîtroit indiquer un ancien emplacement
par le nom qu'il porte d'Altenburg, ou
de Vieux-bourg. La pofition *d'Arrabona*
eft évidemment celle de Raab, que les
Hongrois appellent Javarin, où la rivière
d'Arrabo fe joint à un des canaux du
Danube, qui partagé en plufieurs bras
depuis l'embouchure de la Morava, les
réunit un peu au-deffous de celle du
Raab. Il faut faire mention de *Sabaria*,
qui eft Sarvar, en remontant le Raab,
avant que de s'éloigner davantage de ce
canton pour fuivre le cours du Danube.
La pofition de *Bregetio*, où une légion
romaine étoit en quartier, paroît con-
ferver des veftiges d'antiquité fur la rive
du fleuve, dans un lieu remarquable
d'ailleurs par le nom de Pannonie qui
lui eft donné dans quelques cartes. On
ne voit point que l'emplacement actuel

G vj

d'une ville diftinguée aujourd'hui comme eft Strigonie, foit celui de quelque
lieu de l'antiquité qui foit à citer entre
les plus confidérables. Ainfi il faut paffer
à *Aquincum*, ou par contraction *Acin-
cum*, dont le nom peut paroître dérivé
des bains chauds, qui font donner à la
ville de Bude le nom d'Ofen en langue
Alemande. Et la rive oppofée du Danube ayant été munie d'un pofte romain
appelé *Contra-Acincum*, c'eft ce que repréfente encore le lieu nommé Peft, vis-
à-vis de Bude. En tendant enfuite vers
l'embouchure de la Drave, la pofition actuelle de Tolna paroît celle d'un lieu
nommé *Altinum*. Plus bas, le nom de
Teutoburgium défigne une peuplade Germanique. Et fur la rive ultérieure de la
Drave, peu au-deffus de fa jonction
avec le Danube, la pofition d'Effek eft
connue pour être celle de l'ancienne ville
de *Murfa*. En continuant de fuivre les
bords du Danube, jufqu'à la Save, où
fe termine la Pannonie, un lieu qui étoit

appelé *Bononia* , répond à la position
d'Illok , *Acunum* à celle de Peter-Var-
dein , dans un coin formé par le fleuve ,
Acimincum à Slankemen ; enfin *Taurunum* n'étant point selon l'opinion vulgaire en même lieu que Belgrade , occupoit à quelques milles en deçà du confluent de la Save , le lieu devenu obscur
sous le nom de Tzeruinka.

Il faut maintenant prendre le cours
de la Save en remontant, pour terminer
la Pannonie dans sa partie méridionale.
L'union d'un petite rivière nommée *Ba-
cuntius* , aujourd'hui Bozzeut , avec la
Save , détermine le lieu qu'occupoit la
ville de *Sirmium* , qui sous des règnes
postérieurs au siècle d'Auguste figure
comme une des plus considérables de
l'Empire. Et ce canton de Pannonie resserré entre le Danube & la Save , est
encore appelé *Sirmia*. Au-dessous de Sirmium , on peut citer *Bassiana* , aujour-
d'hui Sabacs. Mais, ce qu'on apprend de
la situation de *Cibalis* , à l'occasion de la

défaite de Licinius par Constantin, se
retrouve distinctement au-dessus de Sirmium, dans l'endroit dont le nom selon
la forme qu'il a pris est Swilei. A la jonction du fleuve *Colapis*, ou Kulp, avec
la Save, *Siscia* conserve sa position dans
celle de Sisseg. Ajoutons à ces places
celles de *Petovio* & de *Jovia*; la première sur la lisière du Noricum, & dont
le nom s'est perpétué en celui de Petau;
l'autre qui au confluent de la rivière de
Muer dans la Drave, a pris un nom
Slavon, qui est Legrad. On peut témoigner de la surprise qu'*Æmona* soit
adjugée par quelques auteurs à la Pannonie, dont elle est séparée par la position de *Celeia*, qui la feroit paroître
plus convenable au Noricum, & nous la
verrons renfermée dans les limites de
l'Italie.

ILLYRICUM.

LE nom d'*Illyricum* varie dans la finale, étant employé quelquefois sous la forme d'*Illyris*. L'ethnique, ou nom national est *Illyrii* ; & il est commun en françois de dire l'Illyrie, quoiqu'*Illyria* n'ait été que peu ou point d'usage en latin. L'étendue du pays depuis les limites de l'Istrie, & le bord du petit fleuve *Arsia*, qui en fait la séparation, nous conduira le long de la Mer Adriatique, jusqu'à l'embouchure du *Drilo*, ou Drin, où nous nous arrêterons, quoiqu'au-delà & jusqu'à la Chaonie, sur les confins de l'Epire, qui fait partie de la Grece, le pays fut occupé par des nations Illyriques. Quant à des limites du côté de la Pannonie, qui borde le nord de l'Illyricum, on les trouve déterminées par plusieurs positions de lieu sous le nom de *Fines*, ce qu'il faut attribuer au gouvernement romain, sous lequel ces points de détermination se font remarquer en plusieurs des parties qui ont été soumises à cette puissance. Une chaîne de montagnes, prenant le nom d'*Albius mons*, à la suite des *Alpes Carnicæ* sur la frontière du Noricum, traverse l'Illyricum dans toute sa longueur d'occident en orient, jusqu'au mont *Scardus* de la Dardanie. Le *Colapis* sort de ces montagnes vers le nord, pour se rendre dans la Save en Pannonie. Vers le midi, *Titius*, *Nestus*, *Naro*, ont leur cours vers la Mer Adriatique. La côte le long de cette mer, est couverte d'un grand nombre d'isles, & il sera fait mention des plus considérables.

Il est parlé des nations Illyriques dans les premiers tems comme d'un peuple sauvage, qui s'imprimoit des marques sur la peau, comme les Thraces ; & la piraterie qu'il exerçoit fournit aux Romains une première occasion d'armer contre ce peuple, plus de deux cens ans avant l'Ere chrétienne, quoique l'entière foumiſſion de tout le pays n'ait été achevée que par Tibère, vers la fin du règne d'Auguſte. Deux provinces particulières s'y font diſtinguer, l'une en remontant la Mer Adriatique, ſous le nom de *Liburnia*, l'autre plus célèbre, & dont le nom de *Dalmatia* s'eſt conſervé. Une partie de la Liburnie, limitrophe de l'Iſtrie, & ſous le mont *Albius*, ce qu'on nomme Murlaka dans l'étendue de la Croatie, étoit occupé par les *Iapydes*. On peut citer ſur le rivage de la mer *Flanona*, ou Fianona, *Tarſatica*, Terſatz près de Fiumé, *Senia*, ou Segna. L'emplacement de *Metulum*, ville principale des Iapydes, au ſiége de laquelle on voit dans l'hiſtoire qu'Auguſte n'étant encore que Triumvir, fit preuve de bravoure & d'intrépidité, n'eſt point une poſition inconnue, quand on découvre le lieu nommé *Metuc vetus* dans la contrée de Licka, entre les montagnes qu'habitoient les Iapydes. A cette nation ſuccédoient les

Liburni, jusqu'au fleuve *Titius*. Dans ce territoire, *Jadera* est la ville du premier rang, comme Zara le tient encore aujourd'hui sous le titre de Comté. On peut y ajouter *Ænona*, ou Nona, & *Blandona* dans le lieu actuellement nommé Zara Vecchia.

En Dalmatie, au-delà du fleuve *Titius*, nommé aujourd'hui Kerca, on distingue deux nations principales, *Autariatæ* & *Ardyæi*. La première avoit antérieurement étendu sa puissance fort au-delà de ses limites, & c'est avec la seconde que les Romains ont commencé d'avoir la guerre dans ce continent. *Scardona*, conserve purement son nom à la droite du Titius, & le nom de *Tragurium* est aujourd'hui Trau. Mais la plus considérable des villes en cette contrée, & que la retraite de Dioclétien a illustrée, étoit *Salona*, dont le nom subsiste dans ce qu'il reste de vestiges de cette ville. Spalato, qui domine aujourd'hui dans le voisinage, tire son nom d'*Aspa-*

Iathos, qui ne paroît, comme il eſt à propos d'en avertir, que dans un tems poſtérieur à ce qu'on appelle proprement celui de l'antiquité. La deſcription d'une place forte nommée *Andetrium*, convient préciſément à la ſituation que garde la fortereſſe de Cliſſa, dans la montagne peu diſtante de Salone vers le nord. *Epetium* eſt réduit à un petit lieu appelé Viſcio près du Château d'Almiſſa. Le nom de Colonia que conſerve un lieu reculé dans les terres, nous indique la poſition d'*Æquum colonia*. Entre les villes principales de l'ancienne Dalmatie, *Narona* eſt enſevelie dans ſes ruines, à quelque diſtance de la rive droite du fleuve *Naro*, dont le nom aujourd'hui eſt Narenta. La poſition d'une grande ville de l'intérieur, *Delminium*, du nom de laquelle on croyoit que s'étoit formé le nom des Dalmates & de la Dalmatie, mais qui fut fort maltraitée par un général Romain, n'eſt point connue préciſément. S'il y a une figure de péninſule

bien décidée sur la côte Illyrique, & à
laquelle le nom de *Hyllis* mérite d'être
appliqué, c'est celle qu'on nomme aujourd'hui Sabioncello. Raguse qui vient
ensuite étant une ville du bas-Empire,
c'est un peu au-delà dans le lieu nommé
vulgairement Ragusi vecchio, qu'existoit
Epidaurus. Il faut citer successivement
Rhizinium, *Butua*, *Olcinium*, Risano,
Budua, Dulcigno. Les riverains du lac
Labeatis, étoient distingués par le nom
de *Labeates*; & à l'issue de ce lac, la
ville de *Scodra* subsiste, étant appelée
Scutari, autrement Iscodar selon l'usage
des Turcs, à qui l'on sçait que le pays
qui a pris le nom d'Albanie obéit. La
dernière place dont nous croyons devoir
faire mention, *Lissus*, peu au-dessus de
l'embouchure du *Drilo*, sur la droite en
montant, se fait connoître actuellement
par le nom d'Alesso, qui vient de ce
que dans le bas-Empire on a dit *Elissus*.
Sous les empereurs Grecs, cette place
& la précédente sont adjugées à une pro-

vince particulière, appelée *Prævalitana*,
tout-à-fait étrangère aux tems antérieurs,
& comprife dans l'étendue d'un département formé fous le titre d'*Illyricum
Orientis*, lequel n'étoit borné que par le
Pont-Euxin, & n'avoit ainfi aucun rapport aux notions convenables à l'état primitif & national que donne l'ancienne
Géographie.

Il nous refte à parler des ifles adjacentes à la côte Illyrique. Le nom d'*Ab-
fyrtides*, dans lequel quelques anciens
ont imaginé de voir celui d'Abfyrthus,
frere de Médée, paroît avoir regardé
collectivement plufieurs de ces ifles. Un
golfe dont le nom de *Flanaticus* pourroit être emprunté de *Flanona*, qui dans
l'ordre des villes maritimes a été citée
en premier lieu, les renferme. *Crepfa* &
Apforus, font Cherfo, & Offero; &
comme *Arba* conferve le nom d'Arbé,
Curicta doit fe rapporter à Veglia. *Ciffa*
a pris le nom de Pago du lieu principal
de cette ifle, qui comme les deux pré-

cédentes, n'eſt ſéparée que par un canal étroit de la terre des Iapydes. Le nom de *Scardona* comme d'une iſle couchée devant la poſition de *Jadera*, ne peut s'appliquer plus convenablement qu'à l'Iſola Groſſa. *Iſſa*, ou comme on dit aujourd'hui Liſſa, ſituée plus au large, & peu conſidérable par ſon étendue, figure néanmoins dans l'hiſtoire de la première guerre des Romains en Illyricum. *Pharus*, qui ſurpaſſe les autres iſles en grandeur, eſt déſignée actuellement par le nom du lieu principal exiſtant, qui eſt Leſina. Le nom de *Brattia* ſe prononce Brazza; & on reconnoît celui de *Corcyra* dans la dénomination actuelle de Curzola. Le ſurnom de *Nigra*, ou de Noire, en faiſoit la diſtinction d'avec l'iſle plus conſidérable de même nom, adjacente au rivage de l'Epire. Enfin, *Melite*, aujourd'hui *Meleda*, à la ſuite de Curzola, eſt la dernière des iſles dont la côte de Dalmatie ſoit couverte.

VI.

ITALIA.

IL n'y a point d'idée plus familière sur l'Italie, que l'illustration qu'elle tire d'avoir dominé sur une partie considérable de l'ancien Monde, après avoir été le berceau de la grandeur Romaine. On la trouve appelée *Hesperia* par les Grecs, comme étant occidentale à leur égard. D'autres noms, *Œnotria*, *Ausonia*, sont empruntés de nations, dont la haute antiquité nous dérobe toute connoissance particulière. Le nom d'*Italia* viendroit, selon quelques auteurs, d'un chef nommé Italus, qui n'est point connu. Ce nom appartenoit proprement à la partie la plus resserrée entre les deux mers, par distinction de ce qui est compris d'une manière plus générale sous le nom d'Italie, en se portant jusqu'aux Alpes, qui enveloppent l'extension qui lui est ainsi donnée. Les mers dont elle est bordée ont été distinguées entre elles par les noms de *Mare Superum*, & de *Mare Inferum*, de supérieure & d'inférieure. La première s'étendant obliquement par quelque déclinaison de l'est vers le sud, tiroit en même tems d'une ville voisine nommée *Hadria*, le nom de *Mare Hadriaticum*, de même que Venise donne aujourd'hui le nom à ce golfe. Une nation très-illustre, celle des *Tusci*, appelés *Tyrrheni* par les Grecs, communiquoit à la mer inférieure le nom de *Tuscum*, ou de *Tyrrhenum*. L'extrémité de l'Italie étant comme les côtés baignée par la mer qui est adjacente au continent de la Grece, le nom de *Mare Ionium*, c'est-à-dire de Mer Grèque, distinguoit cet espace de mer d'avec la supérieure, que le talon de la botte, à laquelle se compare la figure de l'Italie, terminoit.

Il

Il doit réfulter de l'obfervation qui
été faite fous le nom propre d'*Italia*,
comme n'étant pas auffi étroitement convenable à une des parties du pays comme
l'autre, que pour traiter ce fujet il eft
à propos de le divifer en deux articles
féparés. Et en procédant d'occident en
orient, l'acceffion faite à l'Italie vers les
Alpes, & ce qu'il eft affez d'ufage actuellement de défigner par le nom de
Lombardie, précédera l'Italie proprement dite. Les établiffemens que des
nations Gauloifes y formèrent, ont étendu à toute cette partie le nom de Gaule,
avec le furnom de Cis-alpine (ou deçà
les Alpes) eu égard à fa fituation par
rapport à l'Italie. Mais, avant que de
s'y renfermer, il faut s'expliquer fur ce
qu'un coup d'œil général fait voir être
commun à l'une & à l'autre région du
même continent, & il en eft ainfi de
l'Apennin. En fe détachant des Alpes
dans le voifinage de la mer inférieure,
cette chaîne de montagnes fuit de près

H

le rivage de cette mer, jusqu'au point
où quittant la Gaule Cisalpine, elle s'approche de la mer supérieure. De-là traversant toute la longueur de l'Italie plus
également vers le milieu de sa largeur,
elle se partage en deux branches, dont
l'une atteint l'extrémité du pied de la
botte, l'autre le talon, mais plus en
collines qu'en montagnes vers les extrémités. Les trois isles, Sicile, Corse &
Sardeigne, seront un supplément à ce
que renferme le continent de l'Italie.

GALLIA CISALPINA.

Elle s'étend depuis le penchant des
Alpes qui regarde l'orient jusqu'au rivage qui borne la Mer Adriatique, ou
supérieure. Les nations Rhétiques établies dans les Alpes resserroient la Cisalpine du côté du nord, & le *Sinus Ligus-
ticus*, appelé aujourd'hui Golfe de Gênes,
borde la partie méridionale de ce continent. Un courant d'eau célèbre sous le

nom de *Rubico*, qui formé de trois ruiſ-
ſeaux eſt nommé à ſon embouchure Fiu-
meſino, en faiſoit la ſéparation d'avec
l'Italie proprement dite ſur le bord de
la mer ſupérieure, & un petit fleuve
nommé *Macra*, ſur la mer inférieure.
La Gaule Ciſalpine étoit auſſi appelée
Togata, parce que les peuples y avoient
été gratifiés du privilége de porter la
Toge romaine. Le plus grand des fleuves
de toute l'Italie, *Padus*, le Pô, ſorti
des Alpes, traverſe la longueur du plat-
pays d'occident en orient, pour ſe rendre dans la Mer Adriatique par pluſieurs
embouchures ; & ſon cours donne quelquefois lieu à une diſtinction de régions,
Ciſpadane & Tranſpadane, deçà & delà
le Pô par rapport à l'Italie. Un grand
nombre de rivières, y vont porter leurs
eaux : & les principales ſur la rive ſep-
tentrionale, & tirant également leur
origine des Alpes, ſont *Duria minor &*
major, Doria Riparia & Baltea, *Seſſites*,
la Seſia, *Ticinus*, le Téſin, *Addua*,

l'Adda, *Ollius*, l'Oglio, qui traverse un lac nommé autrefois *Sevinus*, aujourd'hui lac d'Iseo. Le *Mincius*, ou Mincio, qui sort du *Benacus*, ou lac de Garde, peut y être ajouté. Sur la rive méridionale, qui est celle de la droite, *Tanarus*, ou Tanaro, descendant de l'Apennin, ainsi que *Trebia*, qui conserve ce nom, *Tarus*, ou Taro, *Scultenna*, qui vers le bas de son cours prend le nom de Panaro, enfin *Rhenus*, ou Reno, que le Triumvirat formé dans une isle de cette rivière distingue dans l'histoire, sont aussi les rivières à citer comme principales.

Le pays où des nations Celtiques, en passant les Alpes, vinrent s'établir, étoit occupé par les *Tusci*, ou Toscans, qui dans leur état primitif n'étoient point bornés aux limites de ce qui conserve leur nom en Italie. On lit dans Tite-Live, qu'ayant été vaincus près du Tésin par les Gaulois, ceux-ci fondèrent *Mediolanum*, ou Milan, dans le territoire des *Insubres*, dont le nom étoit celui

d'un canton dépendant selon César de
la cité des *Ædui*, ou d'Autun ; & cet
événement est rapporté dans l'histoire au
tems que Tarquin l'ancien régnoit à
Rome, c'est-à-dire environ 600 ans avant
l'Ere chrétienne. En voulant parcourir la
Cisalpine, les *Taurini* se présentent à la
descente des Alpes, comme Annibal
passant en Italie, les y rencontra. Leur
capitale, près du confluent de la Doria
Riparia dans le Pô, prit le nom d'*Au-*
gusta, qu'elle a changé pour celui du peuple, selon ce qui a été presque général
dans les cités de la Gaule, & de-là est
dérivé le nom de Turin, qui chez les Italiens est Torino. Mais, au pied des Alpes
mêmes, en remontant la Doria, il faut
connoître *Segusio*, ou Suse, comme
ayant été la résidence d'un prince, nommé Cottius, qui par une faveur d'Auguste, fut maintenu en possession de
régner sur un assez grand nombre de
petits peuples cantonnés dans les montagnes, & dont l'État plus étendu en

Gaule que dans la Cisalpine, ne fut uni
à l'Empire que sous Néron. On peut
faire mention d'*Ocelum*, aujourd'hui
Usseau, sur un passage donnant également entrée dans la Cisalpine, au midi
de Suse. Dans une vallée profonde, couverte de l'*Alpis Pennina*, & de l'*Alpis
Graia*, de l'Alpe Pennine & de l'Alpe
Greque, ou du Grand & du Petit Saint
Bernard, qu'occupoient les *Salassi*, une
colonie de Prétoriens établie sous le règne
d'Auguste, prit le nom d'*Augusta Prætoria*, & celui d'Aouste est resté à cette
ville. On lit des *Libici*, qui habitoient
dans le plat-pays, qu'ils étoient sortis
des *Salyes*, dont il est fait mention en
Gaule comme d'une nation Ligurienne.
Des villes à citer sont, *Eporedia*, ou
Ivrée, sur la Doria Baltea qui sort de la
Val d'Aouste, *Vercellæ*, ou Verceil près
de la Sesia, *Novaria*, Novare, *Lumel-
lum*, qui a donné le nom à la Lumelline.
En approchant de *Mediolanum*, & dans
le canton des *Insubres* dont il a été parlé,

le nom de *Raudii Campi* , mémorable
par la grande victoire de Marius sur les
Cimbres , se fait connoître dans celui
d'un lieu actuel appelé Rhô. *Laus Pom-*
peia est le Lodi vecchio. *Ticinum* , peu
au - dessus de l'embouchure du Tésin
dans le Pô, ayant pris postérieurement
le nom de *Papia* , est Pavie. Plus avant,
& dans le canton où la nation Gauloise
des *Cenomani* (ou du Mans) avoit pris
établissement , *Cremona* , *Brixia* , *Man-*
tua , sont assez connues pour être Cré-
mone près du Pô, Brescia , Mantoue ;
& on sçait combien cette dernière, située
dans un lac formé par le Mincio , tire
de distinction d'avoir été la patrie de
Virgile. Sur la frontière de la Rhétie ,
on fera mention de *Bergomum* , ou Ber-
gamo , & de *Comum* , qui tenant au lac
nommé autrefois *Larius* , & duquel sort
l'Adda , le fait appeler aujourd'hui le lac
de Come. Pline le jeune, neveu du Naturaliste , rend cette ville recommandable
par sa naissance.

En paffant au midi du Pô , on trouve une partie de la Cifalpine comme une contrée féparée fous le nom de *Liguria.* Les *Taurini* fur la rive antérieure du fleuve , étoient même réputés Ligures. On a vu des peuples Liguriens s'étendre dans la Gaule entre les Alpes & le Rhône. Et cette grande nation n'étant point bornée par le fleuve *Macra* , qui limitoit la Cifalpine , atteignoit les rives de l'Arno, fur le penchant de l'Apennin. Vers l'endroit où cette chaîne de montagnes fe détache des Alpes , les *Vagienni* occupoient la pente qui regarde le nord , comme le nom de Viozenna fubfiftant en ce canton , le fait connoître ; & l'emplacement de leur capitale , appelée *Augufta* , eft celui d'un lieu devenu obfcur fous le nom de Vico , près de Mondovi. Viennent enfuite , & en même fituation, les *Statielli* , & le lieu d'*Aquæ Statiellæ* fubfifte fous le nom d'Aqui. *Alba Pompeia* & *Afta* confervent leurs pofitions dans celle d'Alba & d'Afti fur le Tanaro ; & un petit lieu nommé Polenza indique *Pollentia*. Une ville à laquelle le nom d'*Industria* fut donné, mais appelée par les nationaux *Bodencomagus*, d'un nom formé sur celui de *Bodincus*, que l'on donnoit au Pô, n'est point Casal, comme on l'estimoit avant que des vestiges de cette ville eussent été découverts sur la même rive du fleuve, mais beaucoup plus près de Turin. Le *Forum Fulvii* est connu par le surnom de *Valentinum* pour être Valence, au-dessous de Casal. Le nom de *Dertona* souffre peu d'altération dans celui de Tortone, & on démêle *Iria* dans Voghera, au passage d'une petite rivière de même nom. Sur le rivage de la mer, en partant de la frontière de la Gaule, on trouve deux peuples, *Intemelii*, & *Ingauni* ; & leurs villes, appelées *Albium Intemelium*, & *Albium Ingaunum*, sont Ventimille & Albingue. *Vada Sabatia*, aujourd'hui Vai, est un lieu plus connu dans l'antiquité que Savone sur la même

H v

côte. On sçait que vers le sommet de l'anse formée par le golfe qui du nom des Ligures étoit appelé Liguftique, *Genua*, Gènes, domine fur ce golfe, & le fait appeler le Golfe de Gènes. Du nom de *Segefte*, s'eft formé celui de Seftri. A l'extrémité de ce rivage de Ligurie, que l'ufage actuel eft d'appeler Rivière de Gènes, *Portus Veneris* confervant le nom de Porto-Venere, fe fait remarquer à l'entrée d'un enfoncement de mer que la ville de *Luna*, fituée fur la rive ultérieure du fleuve Macra, faifoit appeler *Portus Lunenfis*, & qu'on appelle aujourd'hui Golfe de la Spetia. Le nom de *Briniates*, comme d'un peuple, fubfifte dans celui de Brugneto, à quelque diftance de la mer : & enfin on eft inftruit qu'une ville du nom d'*Apua*, qui faifoit diftinguer des Ligures par le nom d'*Apuani*, n'a paru dérobée à notre connoiffance, que parce qu'elle eft cachée fous le nom de Pontremoli.

Ce qui refte de la Cifalpine, fur la

rive méridionale du Pô, étoit Gaulois, & non Ligure. Des *Boii*, dont le nom s'est aussi répandu en Germanie, dans le Noricum, la Pannonie, l'Illyricum, & des *Lingones* également Celtes, & sortis du territoire de Langres, étant arrivés dans la Cisalpine plus tard que d'autres Gaulois déja établis dans ce qui est appelé Transpadane, passerent le fleuve, & enlevèrent aux Toscans les terres situées au nord de l'Apennin. Les premiers se cantonnèrent vers les montagnes, les autres vers le bas du fleuve & près de la mer. Il est aussi mention d'un autre peuple sous le nom d'*Ananes* ou *Anamani*. Les *Senones*, ou ceux de Sens, arrivant les derniers, & ayant entamé l'Umbrie, sortent ainsi des limites qui distinguent la Cisalpine d'avec l'Italie proprement dite. Dans un tems postérieur, ces contrées furent appelées *Flaminia*, & *Æmilia*, du nom que portoient des voies romaines, par la première desquelles on y arrivoit, & que la feconde traverfoit à l'iffue de cette première.

Il ne fe préfente point de villes dans l'ordre que nous devons fuivre avant *Placentia*, Plaifance, fur le bord du Pô, près de l'embouchure de la Trebia, que la première des victoires d'Annibal fur les Romains a rendue célèbre. On a déterré depuis quelques années en ce canton les veftiges d'une ville, dont le nom étoit *Veleia*. En fuivant la voie Emilienne au-delà de Plaifance, on trouve *Florentia* appelée par un diminutif Fiorenzuola, *Fidentia*, aujourd'hui Borgo di fan-Denino, *Parma*, à la jonction d'une rivière de même nom avec le Taro. Nous remarquerons volontiers, en nous écartant un peu fur la droite, que le *Forum novum* eft Fornove, où la valeur des François fe fit connoître dans le retour de Charles VIII de fon entreprife fur le royaume de Naples. Mais, en reprenant la trace de la même voie, *Regium Lepidi* (en fous-entendant *Æmilii*) eft Regio,

Mutina, Modene, *Bononia*, Bologne, qui avant les Gaulois, & fous les Tof-cans avoit porté le nom de *Felfina*. Vien-nent enfuite *Forum Cornelii*, aujourd'hui Imola, *Faventia*, Faenza, *Forum Livii*, Forli, & *Cefena*, qui conferve fon nom fous la même forme. On peut citer *Brixellum*, Brefello, près de l'entrée du Taro dans le Pô. On eftime que *Forum Allieni* pouvoit avoir exifté dans l'em-placement de Ferrare. Mais, la plus cé-lèbre des villes en cette partie de la Ci-falpine, eft *Rævenna*, dans le fond du Golfe Adriatique, & qui après avoir fervi de réfidence à des empereurs d'Oc-cident, pendant que Rome étoit occu-pée par des barbares, fut celle d'un gou-verneur établi fous le titre d'Exarque par les empereurs d'Orient, qui du tems de la domination des Lombards en Italie, furent en poffeffion de ce qu'on appelle la Romagne. Augufte avoit fait creufer un port près de Ravenne, pour y tenir en ftation une flotte fur la Mer fupé-

rieure, comme il y en avoit une à Misene dans le voisinage de Naples, sur la
Mer inférieure. La mer en s'éloignant
de son ancien rivage à Ravenne, a laissé
dans les terres le lieu où ce port existoit,
& qui néanmoins conserve le nom de
Classé. Il faut maintenant parler des
bouches du Pô. La plus voisine de Ravenne tiroit d'une très-ancienne ville
fondée par des Grecs, nommée *Spina*,
le nom de *Spineticum ostium*. On lui ap-
pliquoit aussi spécialement le nom d'*Eri-
danus*, sous lequel le Pô est quelquefois
désigné. Le canal qui s'y rendoit se nommoit *Padusa*. Et de l'endroit où la ville
de Ferrare est située il s'en séparoit un
canal nommé *Volana*, qui conserve ce
nom, & le donne à son embouchure.
Le principal des bras du Pô, & le plus
septentrional, n'arrivoit à la mer qu'en
se divisant en plusieurs canaux, dont
l'issue dans la mer étoit appelée *Septem
maria*, les sept mers.

Il nous reste un canton de pays com-

compris dans la Cisalpine, sous le nom de *Venetia*. L'opinion commune sur les *Veneti* de ce canton, vouloit qu'ils fussent venus d'Asie, sous la conduite d'Anténor, après la ruine de Troye. Et ils étoient en possession de ce qui enveloppe en partie le fond du Golfe Adriatique, dans un temps antérieur à la fondation de Rome, & pendant que les Toscans s'étendoient dans la Transpadane. La plus grande des rivières de la Vénétie est *Athesis*, ou l'Adige, qui sort de la Rhétie, ainsi que *Medoacus*, qui a pris le nom de Brenta, & *Plavis*, ou Piavé. Le *Tajamentus*, ou Tagliamento, *Sontius*, ou Lisonzo, descendent des Alpes, distinguées en cette partie par le nom de *Carnicæ*, ou Carniques, & qui séparent la Vénétie d'avec le Noricum. La première ville qui se présente est *Hadria*, dont le nom se lit aussi *Atria*. Elle est attribuée aux anciens Toscans, & elle conserve le nom d'Adria. Il est parlé de *Patavium*, ou Padoue, comme de la

Tome I.

plus illustre des villes de ce canton, &
ce qui lui fait le plus d'honneur, c'est
d'avoir donné la naissance à Tite-Live.
Il n'est point question de Venise comme
d'une ville dans l'antiquité, mais seule-
ment d'un port appelé *Venetus*. On sçait
que l'entrée d'Attila en Italie, & la
ruine de plusieurs villes ayant répandu
la terreur dans la contrée, une multitude réfugiée dans les lagunes qui bordent le rivage, forma les commencemens d'une ville, que sa situation dans
la mer & les accroissemens de sa puissance ont fort distinguée. *Atefte*, aujour-
d'hui Este, & *Vicentia*, Vicence, sont dans
le voisinage de Padoue. *Verona*, ville considérable, patrie de Catulle & de Pline
le Naturaliste, est assise sur l'Adige. Des
vestiges d'*Altinum* conservent le nom
d'Altino. *Tarvifium* est Trévise, *Opiter-
gium* est Oderzo, & le nom de *Concordia*
subsiste dans le lieu qu'occupoit cette ville.
Mais, sans aller plus loin, il faut parler
des *Euganei*, dont il est dit qu'ils habi-

toient le pays voisin de la mer, avant qu'il leur fût enlevé par les Vénetes, ce qui les avoit apparemment obligés de s'enfoncer dans les terres, & d'habiter les montagnes qui faisoient partie de la Rhétie, où on les trouve établis postérieurement.

Une autre nation, celle des *Carni*, occupoit le nord de la Vénétie, au pied des montagnes qui du nom de cette nation étoient appelées Alpes Carniques; & le même nom subsiste dans ce qu'on appelle aujourd'hui la Carniole, quoique plus resserré dans ses limites qu'il ne l'étoit en occupant une partie de la Vénétie. On retrouve l'emplacement d'une ville située au pied des montagnes, & nommée *Julium Carnicum*, dans le nom de Zuglio, qui n'est plus que celui d'un lieu obscur, & ces montagnes étoient appelées *Alpes Juliæ*, de même que *Carnicæ. Forum Julii* se soutient dans Ciudal di Friuli, & on connoît une province entière sous le nom

de Frioul. *Vedinum* est Udine. Mais, la
ville qui fut autrefois la plus considérable
en ce canton, est *Aquileia*, ou Aquilée,
peu loin de la mer & du Lisonzo. Colonie fondée pour servir de boulevard à la
Cisalpine, dans un tems où les provinces
ultérieures n'étoient point encore soumises, cette ville ne s'est point relevée
de sa destruction par Attila. Au-delà
d'Aquilée, un petit fleuve qui rencontre la mer à peu de distance de plusieurs
sources dont il sort, est célèbre dans
l'antiquité sous le nom de *Timavus*, aujourd'hui Timao. *Tergeste*, ou Trieste,
dans le fond d'un golfe qui en tiroit le
nom de *Tergestinus*, étoit la dernière
ville de l'Italie, avant que l'Istrie, *His-
tria*, y fût jointe, en ôtant cette petite
province aux anciennes dépendances de
l'Illyricum, ce qui paroît devoir se rapporter au règne d'Auguste. Par cet accroissement, la petite rivière d'*Arsia*,
qui n'a point changé de nom, servit de
limite à l'Italie. Une ville qui a pris le

nom de Capo d'Istria, se nommoit autrefois *Ægida*. *Parentium* conserve son
nom en celui de Parenzo. Mais la principale des villes de l'Istrie étoit *Pola*,
dont le nom est le même dans sa situation au fond d'une anse assez profonde.
Une autre accession qu'une distribution
de provinces impériales peut avoir fait
à l'Italie, passe les Alpes Carniques, &
leur penchant qui du nord décline vers
l'orient. Elle s'étend dans ce qui conserve le nom national de *Carni* en celui de Carniole, & comprend *Æmona*,
qui a pris le nom de Laybach. Un lieu
de quelque célébrité sous le nom de
Nauportus, & au pied des montagnes,
est aujourd'hui appelé le haut Laybach,
empruntant de même que la ville de ce
nom, celui d'une rivière, qui se rend
dans la Save.

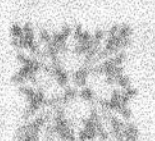

ITALIA.

LA contrée où se maintinrent les *Tusci*, après avoir perdu ce qu'ils occupoient au - delà des limites de l'Italie proprement dite, est la première qui se presente dans ces limites. Et cette nation, qui y est connue plus particulièrement sous le nom d'*Etrusci*, donnoit le nom d'*Etruria* à tout ce que borde la rive occidentale du Tibre, depuis sa source dans l'Apennin jusqu'à la mer. L'opinion commune vouloit, que les Etrusques, nommés *Tyrrheni* par les Grecs, fussent originaires des Méoniens de la Lydie dans ce qu'on appelle communément Asie mineure. Ils se distinguoient dans les arts, en un tems où ils étoient peu connus chez leurs voisins; & on sçait qu'une autre science frivole, celle des augures, leur étoit particulière. Le pays s'étendant le long de la mer depuis la

Macra jusqu'à l'embouchure du Tibre, est borné au nord par l'Apennin, comme par le Tibre vers l'orient. La plus grande des rivières qu'il renferme, *Arnus*, ou l'Arno, tend vers le couchant pour se rendre dans la mer. On peut citer *Umbro*, ou l'Ombrone, que la mer reçoit aussi, & *Clanis*, ou la Chiaea, qui tombe dans le Tibre.

Le pied des montagnes étoit peuplé de Ligures, distingués par le nom de *Magelli*, que l'on reconnoît dans celui de Mugello, qui est resté à une vallée au nord de Florence. La nation, ou le corps politique des Etrusques, renfermant douze peuples, auxquels des villes donnoient le nom, on remarque que ces villes sont écartées de l'Arno, si l'on excepte Arezzo, qui s'en approche. Il n'existe de *Luna*, à l'entrée du pays & sur le bord de la Macra, que quelques vestiges, & le nom de Lunegiano dans les environs. *Luca*, Luque, *Pisæ*, Pise, *Pistoria*, Pistoie, & *Florentia*, Florence,

qui est située vers le haut de l'Arno,
comme Pise vers son embouchure, ne
paroissent point du nombre des anciennes cités Etrusques; & *Sena Julia*, ou
Sienne, presque au centre de l'Etrurie,
est d'un tems postérieur. Mais, *Arretium*, Arezzo, *Cortona*, Cortone, *Perusia*, Pérouse, *Clusium*, Chiusi, dans un
même canton de l'Etrurie vers l'orient,
sont du nombre de ces cités. Le *Trasimenus Lacus*, que la défaite des Romains
par Annibal a rendu célèbre, étant enclavé dans le Pérugin, se nomme Lago
di Perugia. En tournant vers la mer, il
faut faire mention de Livourne sous l'ancienne dénomination de *Portus Herculis
Labronis*, ou *Liburni. Volaterræ*, qui tient
une place entre les cités Etrusques, est
Volterra dans l'intérieur en tirant vers
Sienne. En se rapprochant de la mer,
une ville qui avoit tenu un rang distingué entre les cités Etrusques, & de laquelle Rome dans les premiers tems de
la République, avoit emprunté tout l'ap-

pareil extérieur de la Magistrature, *Ve-tulonii*, n'a point laissé de vestiges qui soient bien connus. On connoît plus précisément ceux de *Populonium*, sur une pointe qui regarde l'isle, dont le nom d'*Ilva* se prononce Elbe, & célèbre autrefois par ses mines de fer. *Rusellæ*, entre les cités Etrusques, se fait connoître par le nom de Roselle que portent ses vestiges. Il en est de même de *Cosa*, près du lac d'Orbitelle. Mais, le *Portus Herculis*, surnommé *Cosani* par distinction d'avec plusieurs autres, subsiste dans Porto Hercole. Un peu au-dessus de l'embouchure du fleuve *Marta*, qui conservant le même nom sort du *Lacus Vulsiniensis*, un ancien emplacement appelé la Turchina, indique celui de *Tarquinii*, ancienne cité; & *Vulsinii*, autre chef-lieu d'un peuple Etrusque, est Bolsena sur la rive du lac. L'extrémité de ce que l'Etrurie avoit autrefois d'extension vers la partie inférieure du Tibre, renferme encore trois cités. Le lieu qu'occupoit

Falerii, ville des *Falifci*, se nomme Fa-
lari, quoiqu'abandonné. *Veii*, capitale
des *Veientes*, & qui tint si long-tems contre les Romains, existoit sur un monticule adjacent à un lieu nommé Isola.
Enfin, *Cære* se nomme aujourd'hui Cer-
Veteri. Sur la mer, le port qui fut un
ouvrage de Trajan sous le nom de *Cen-
tum cellæ*, est Civita-vecchia : & le *Portus Augusti*, creusé par Claude, & auquel Trajan ajouta un bassin intérieur,
conserve encore le nom de Porto, quoiqu'entièrement couvert par des attérisse-
mens que le Tibre y a formés.

Le cours de ce fleuve dirigé du nord
vers le midi, cotoye successivement l'Ombrie, la Sabine & le Latium. Il est parlé
des *Umbri* comme d'une nation des plus
anciennes de l'Italie. N'étant point bornée d'abord par le Rubicon, cette nation s'étendoit jusqu'au Pô dans le voisinage de Ravenne. L'Apennin, après
avoir donné naissance au Tibre, traverse
obliquement le pays auquel le nom
d'Umbria

d'*Umbria* a été propre. La partie renfermée entre le rivage de la mer supérieure
& la montagne fut envahie par la nation
Gauloise des *Senones* ; & le fleuve *Æsis*,
ou Iesi, en faisoit la séparation d'avec
le Picenum. Le fameux Rubicon n'est
qu'un débouchement de plusieurs tor-
rents réunis, & auquel on donne le nom
de Fiumesino. A quelques milles de distance, *Ariminum*, Rimini, à l'embouchure d'une rivière de même nom, étoit
la première ville en entrant en Italie.
Au-delà, & sur le même rivage de mer,
Pesaurum est Pesaro, *Fanum Fortunæ* Fano, *Sena Gallica* Senigaglia. Il faut un
peu remonter l'*Æsis*, pour trouver la
ville de même nom, aujourd'hui Iesi. Et
pareillement à quelque distance de la
mer, *Forum Sempronii*, sur le *Metaurus*,
ou Metro, que la défaite d'Asdrubal,
frere d'Annibal rend mémorable, est
Fossombrone. On trouve deux villes du
nom d'*Urbinum*, & celle qui portoit le
surnom d'*Hortense* est l'Urbino du tems

I

présent. La plus reculée des villes en cette partie citérieure à l'égard de l'Apennin, *Camerinum* existe dans Camerino. Quant à la partie ultérieure, le *Tifernum* distingué d'un autre par le surnom de *Tiberinum*, est ce qu'on appelle Citta di Castello. *Iguvium*, & *Nuceria*, au pied de l'Apennin, *Tuder* sur la rive du Tibre, *Spoletium* qui s'en éloigne, *Narnia*, sur le *Nar*, ou Nera, qui se rend dans le Tibre, enfin *Ameria*, conservent leurs noms dans ceux de Gubio, Nocera, Todi, Spoleto, & Amelia. Spolete tire une distinction particulière entre les villes de l'Ombrie d'avoir donné le nom à un Duché considérable dans un tems postérieur aux siècles de l'antiquité.

Mais, une annexe de l'ancienne Ombrie, par continuité sur la mer supérieure, est le *Picenum. Ancona*, qui tiroit son nom de sa situation dans l'angle d'un coude que forme la côte, fait donner à la plus grande partie du pays des *Picentes*, le nom de Marche d'Ancone.

D'autres villes principales de ce canton, *Auximum*, *Firmum*, *Asculum*, celle-ci sur un fleuve nommé *Truentus*, aujour-d'hui Tronto, sont Osimo, Fermo, Ascoli. Ajoutons encore le territoire des *Prætutii*, dont la ville principale *Hadria*, existe sous le nom d'Atri. Et les limites du *Picenum* sont quelquefois portées jus-qu'au fleuve *Aternus*, à l'embouchure duquel une ville nommée *Aternum* a pris le nom de Pescara.

Les *Sabini*, dont la Sabine d'aujour-d'hui conserve le nom, succédent à l'Ombrie sur la même rive du Tibre, jusqu'au fleuve *Anio*, qui est le Teve-rone. On peut dire en général de ce peuple, qu'il étoit réputé un des plus anciens de l'Italie, sans qu'il convienne ici d'entrer en discussion sur une diver-sité de traditions à ce sujet. On les dit sortis d'un lieu près de la ville d'*Ami-ternum*, pour venir s'établir à *Reate*, qui est Rieti, & s'étendre jusqu'au Tibre. Ils fondèrent une ville sous le nom de

Cures, duquel on fait dériver celui de *Quirites*, que l'on donnoit au peuple Romain en lui adreffant la parole. Cette ville étoit néanmoins réduite à un petit lieu dans le tems de la grandeur romaine, & on croit en retrouver l'emplacement fous le nom de Correfe. Près d'une ville nommée *Cutiliæ*, dont les veftiges font voifins du lieu actuel de Citta Ducale, un petit lac étoit réputé l'umbilique de l'Italie, en même diftance de l'une & de l'autre mer. *Nurfia*, ou Norcia, au pied de l'Apennin, & aujourd'hui hors des limites de la Sabine, eft attribuée aux Sabins. De plufieurs villes qui font quelque figure dans l'hiftoire des premiers fiècles de Rome, mais prefque anéanties, il faut diftinguer *Tibur*, fur le Teverone, & que les agrémens de fa fituation ont fait célébrer, dont le nom par le changement de quelques lettres a pris la forme de Tivoli.

Nous voici arrivés au *Latium*, duquel eft partie cette puiffance qui s'eft étendue dans les trois parties de l'ancien Monde. Ce que le peuple principal, les *Latini*, appuyés sur le Tibre entre l'embouchure du Tevérone & la mer, occupoient d'espace, n'avoit pas à beaucoup près l'étendue que prirent les limites du *Latium*, dans ce qu'on appelle aujourd'hui la Campagne de Rome, par l'accession de plusieurs autres peuples, dont les plus puissans & les plus difficiles à réduire furent les *Volsci*. Il est convenable d'entrer dans quelque détail particulier sur une ville, qui des plus foibles commencemens est parvenue à une domination, qui fait le plus grand des objets dans ce que renferment les tems de l'antiquité.

Rome, à qui le mont Palatin servit d'abord d'assiette, couvrit sous les rois qui la gouvernèrent sept collines, qui lui ont fait donner le nom d'*Urbs Septicollis*. Ces monticules outre le *Palatinus*, sont, le *Capitollinus*, *Quirinalis*, *Viminalis*, *Esquilinus*, *Cœlius*, & *Aventinus*. Le *Janiculum*, situé au-delà du Tibre,

ne fait point nombre dans les sept collines. L'enceinte qui les renfermoit, &
portée jusqu'au Janicule, fut achevée
par Servius-Tullius vers la fin du second
siècle de Rome, & un rempart appelé
Agger, couvrant le Quirinal, le Vimi-
nal, & l'Esquilin, fut en partie l'ouvrage de son successeur Tarquin le Su-
perbe. Le *Campus Martius*, ou Champ
de Mars, aujourd'hui l'endroit de la
ville le plus peuplé, étoit hors de l'enceinte & sans habitations. Cette enceinte
religieusement respectée comme le berceau de l'Empire, subsista non-seulement
jusqu'aux derniers tems de la République, mais encore plusieurs siècles sous
les Empereurs; & entre les quatorze régions ou quartiers qu'Auguste distingua
dans Rome, plusieurs de ces quartiers
sortoient de cette enceinte. Mais, une
nouvelle sous Aurélien, élevé à l'empire l'an 270 de l'Ere chrétienne, recula
les murs de Rome fort au-delà du mont
Capitolin vers le nord, & d'un autre

côté au-delà du rempart dont on vient de parler ; & il y a tout lieu de croire, que l'enceinte actuelle de Rome, si l'on excepte la partie du Tras-Tevere qui enveloppe le Vatican, repréſente l'enceinte d'Aurélien. Pour ne point paſſer les limites, dans leſquelles ſe doit renfermer un abrégé, ajoutons ſeulement, qu'au pied du Capitole, ſur un des côtés du *Forum Romanum*, ou de la place publique (aujourd'hui Campo vaccino) étoit élevé le *Milliarium aureum*, ou la colonne milliaire dorée, d'où partoient comme d'un centre commun les grandes voies, qui conduiſoient dans les différentes parties de l'Italie. Et ſur un plus grand détail de ce qui concerne Rome, on peut conſulter un Mémoire inſéré dans le volume XXX de l'Académie.

Pour ce qui eſt des lieux principaux du Latium, *Oſtia*, que ſa ſituation près de la principale des deux embouchures du Tibre a fait ainſi nommer, ſubſiſte ſous le même nom, quoiqu'un peu plus

reculé dans sa place, parce que le fleuve
a éloigné le rivage par un attérissement.
On croit qu'une ville que sa fondation
par Enée, à qui la nation Romaine vouloit devoir son établissement en Italie,
rend recommandable, *Lavinium*, existoit dans un lieu nommé aujourd'hui
Pratica, à quelque distance de la mer.
Un autre lieu en pareille situation, porte
le même nom d'*Ardea* que la capitale
des *Rutuli*, qui combattirent les Troyens
compagnons d'Enée. Il ne subsiste d'*An-
tium* que le nom d'Anzio, & des vestiges
de son port, un peu en deça du lieu
appelé Nettuno. *Circeii*, qu'on disoit
avoir été la demeure de Circé, se fait
connoître dans le Monte Circello, vis-
à-vis duquel *Pontia*, ou Ponza, est une
isle en haute mer. A l'issue des *Paludes
Pomptinæ*, ou Marais Pontins, qui s'é-
tendent le long de la mer, & que traverse la *Via Appia*, la plus célèbre des
voies romaines, *Terracina* sur une éminence, conserve son nom. *Cajeta*, ou

Gaète, sur une pointe de terre, précède ensuite l'embouchure du *Liris*, ou Gariglian, qui tombe dans la mer sous *Minturnæ*, après avoir traversé l'extrémité du Latium. Pour parcourir ensuite l'intérieur de cette contrée, en partant du voisinage de Rome, *Tusculum*, dans une situation agréable, répond à celle de Frascati. On croit qu'*Alba-longa*, rivale de Rome, & de fondation plus ancienne, existoit dans le lieu qui se nomme Palazzolo. *Prænesle*, qui avoit une citadelle, est Palestrine. *Anagnia*, Anagni, étoit la ville principale d'un peuple, ou des *Hernici*. Les *Æqui* habitoient plus avant, sur la frontière des Sabins. On ne sçauroit désigner précisément le lieu qu'occupoit la ville qui tenoit le premier rang chez un peuple plus considérable, sçavoir *Suesla Pometia*, chez les *Volsci*. Celui de *Corioli*, dont un Romain célèbre dans l'histoire tire le surnom de Coriolan, est ignoré. Mais, nous citerons *Arpinum*, Arpino, pour avoir donné la naissance à Marius, & à Ciceron.

Campania, la Campanie, succede au Latium. C'est la contrée de l'Italie que la nature semble avoir le plus favorisé; & célèbre dans l'antiquité par cet endroit. Elle fait la partie principale de ce qu'on nomme aujourd'hui Terre de Labour. Son étendue le long de la mer se porte jusqu'aux limites de la Lucanie: elle est resserrée dans l'intérieur par le Samnium. Le fleuve *Vulturnus*, ou Volturno, est la plus considérable de ses rivières. *Capua*, grande & délicieuse ville, n'a point conservé son emplacement, en prenant sur le Vulturne une position à trois milles de l'ancienne, vis-à-vis de celle qu'occupoit une ville nommée *Casilinum*, où sa puissance antérieure, que celle de Naples a éclipsée, ne l'a point suivie. *Neapolis*, ville Greque, de même que plusieurs autres sur ce rivage, portoit primitivement le nom de *Parthenope*, qu'on disoit être celui d'une Syrene. *Puteoli*, Pouzoles, *Baiæ* ou Bayes , sont dans le voisinage de Naples des lieux célèbres par leurs agrémens , *Misenum* , parce qu'une flote romaine y étoit entretenue , *Cumæ* , par le nom d'une Sybille. A la hauteur du promontoire de Misene, l'isle nommée *Ænaria* , aujourd'hui Ischia , auroit éprouvé des secousses extraordinaires par des feux souterrains , si l'on en croit l'antiquité. Sur le côté méridional du golfe appelé *Crater* , ou le bassin , l'isle *Capreæ* , dont Auguste fit l'acquisition , & que les débauches de Tibère ont rendue célèbre , conserve le nom de Capri. Un peuple particulier , les *Picentini* , s'étendoient au-delà , & *Salernum* , Salerne , est la ville maritime à citer dans ce district. Celle qui portoit le nom de *Picentia* , ne conserve que des vestiges avec le nom de Bicenza. En entrant dans les terres par *Nuceria* , ou Nocera, nous ferons mention de *Nola* , qui n'a point changé de nom. Le *Vesuvius mons* donne occasion de dire , que ce canton de la

I vj

Campanie étoit nommé d'un terme grec *Phlegræus campus*, ou pays brûlé. Enfin revenant par Capoue, *Suessa Aurunca*, *Teanum Sidicinum*, que des noms d'anciens peuples faisoient ainsi surnommer, aujourd'hui Sezza & Tiano, termineront avec *Venafrum*, ou Venafro, ce que nous croyons devoir dire de la Campanie. Ajoutons néanmoins, que le fameux vignoble de Falerne étoit entre *Sinuessa*, voisine de la mer, & *Teanum*.

Il s'agit maintenant du *Samnium*, & cet article comprendra tout ce qui s'étend depuis la Sabine & le Picenum jusqu'à l'Apulie, & dans un autre sens depuis les limites du Latium & de la Campanie jusqu'à la Mer supérieure. L'Apennin traverse cette étendue de pays dans sa longueur en ligne oblique. On sçait combien la nation guerrière des *Samnites* donna d'exercice aux armes romaines pendant plusieurs siècles. On la disoit sortie des premiers Sabins, & le nom est *Saunites* dans les écrivains Grecs.

En sortant de la Campanie, un défilé, dans lequel un petit lieu conserve par son nom de Forchié la mémoire d'une cruelle disgrace arrivée à une armée romaine, conduit par *Caudium*, à *Beneventum*, Bénévent, dont le nom étoit auparavant *Maleventum*. Les *Hirpini* occupoient cette extrémité du pays ; & on y fera mention d'*Abellinum*, Avellino, & de *Compsa* aux confins de la Lucanie, Conza. Dans le *Samnium* proprement dit, *Bovianum*, *Æsernia*, *Aufidena*, sont Boiano, Isernia, Alfidena. Entre plusieurs peuples qu'il faut ensuite distinguer, les *Marsi*, limitrophes des Sabins, & que l'on voit dans l'histoire mesurer leurs armes en particulier avec les Romains, habitoient les bords du *Lacus Fucinus*, qu'un lieu des environs fait aujourd'hui appeller Lago di Celano, & près duquel on connoît des vestiges de *Marrubium*, ville principale de cette nation. *Alba*, que le voisinage du lac Fucin faisoit surnommer *Fucentis*, conserve son nom. Chez les *Peligni*, qui étoient adjacents, *Corfinium*, qui fut la place d'armes des peuples ligués contre Rome dans la guerre appelée Sociale, est réduit à un très-petit lieu nommé san-Perino : mais *Sulmo*, la patrie d'Ovide, existe dans Solmona. *Amiternum* n'est connu que par quelques vestiges près de la ville qui se nomme l'Aquila. *Pinna* des *Vestini* existe dans Civita di Penna, *Teate* des *Marracini* dans Civita di Chieti. Tout ce pays est ce qu'aujourd'hui on appelle l'Abruzze. Le nom d'*Anxanum* chez les *Frentani*, est conservé dans celui de l'Anciano, peu loin du fleuve *Sagrus*, ou Sangro ; celui de *Larinum* dans Larino. *Teanum Apulum*, sur le côté du *Fronto*, ou Fortore, qui borde l'Apulie, est un lieu ruiné que distingue le nom de Civitate.

Il faut ici remarquer, que c'est à ce quinous reste à parcourir dans le continent de l'Italie, que convient particulièrement le nom de GRANDE GRÈCE, usité dans l'antiquité, le nombre des établissemens formés par des Grecs y dominant plus qu'ailleurs. On trouve quelquefois le nom d'*Apulia* s'étendre jusqu'à l'extrémité du talon de ce continent, quoique cette extrémité soit plus communément distinguée sous le nom d'*Iapygia*, ou de *Messapia*. Celui d'Apulie ou de l'Apouille subsiste à peu près sous la forme de Puglia. *Aufidus*, ou l'Ofanto, descendant de l'Apennin, traverse la contrée d'un cours rapide. Le *Mons Garganus*, aujourd'hui Monte sant-Angelo, couvre une terre avancée en mer, qui fait l'éperon de la botte que donne la figure de l'Italie. Ce côté de l'Apulie portoit en particulier le nom de *Daunia*, comme ayant été le domaine de Daunus, beau-pere de Diomede, qui au retour de la guerre de Troie, s'établissant en ce pays, fonda la ville d'*Arpi*, dont l'emplacement conserve le nom, & une autre ville dans le voisinage de la

mer, *Salapia*, que l'infalubrité de l'air
fit transférer dans le lieu auquel le nom
de Salpé eft refté. On connoît des veftiges de *Sipuntum* ou *Sipûs*, près de
Manfredonia, qui eft une ville nouvelle.
Luceria garde le fien dans Lucera. *Venu-
fia* au pied de l'Apennin, & patrie
d'Horace, exifte dans Venofa; *Canucium* dans Canofa; & près de cette ville,
le lieu fatal aux Romains par la défaite
la plus fanglante, *Cannæ*, eft connu
par le même nom. Une partie intermédiaire de la Daunie & de la Meffapie,
en étoit diftinguée par le nom de *Peu-
cetia*; & *Barium*, ou Bari, y borde le
rivage de la mer. Le nom d'*Iapygia* chez
les écrivains Grecs ne fe renferme pas
dans les mêmes limites que *Meffapia*; il
s'étend à ce qui autre part eft appelé
Apulia. Ce canton eft en même tems le
pays des anciens *Calabri*, fort différent
de ce qui dans un tems poftérieur a pris
le nom de Calabre. Les *Salentini* paroiffent également un peuple de l'ancienne

Calabrie. *Tarentum*, ou *Taras* selon les Grecs, Tarente, que des Lacédémoniens vinrent occuper, attira les armes de Pyrrhus en Italie, & cette ville a communiqué son nom au golfe qui creuse l'extrémité de ce continent. *Brundusium*, Brindisi, sur la mer Adriatique, étoit le port le plus fréquenté pour le trajet entre l'Italie & la Grèce. *Lupiæ*, qui aujourd'hui est Lecce, avoit pour contiguë une autre ville nommée *Rudiæ*, que la naissance d'Ennius, le plus célèbre des premiers poëtes latins illustroit. La position en plus grande proximité du continent de la Grèce, *Hydruntum*, est Otrante. Le Finisterre de l'Italie étoit appelé *Iapygium* ou *Salentinum promontorium*; & par un retour dans l'enfoncement du golfe, *Callipolis* subsiste dans Gallipoli.

Le pays qui a porté le nom de *Lucania* nous ramene du fond du golfe de Tarente, jusqu'au rivage de la Mer inférieure. L'Apennin faisant le partage des eaux, le *Silarus*, ou Silaro, prend son cours vers cette mer, l'*Aciris*, ou Agri, le *Bradanus*, ou Bradano, qui coule sur les limites de la Iapygie, se rendent dans le golfe. A peu de distance de l'embouchure du Silarus, *Pæstum*, que les Grecs nommoient *Posidonia* comme une ville consacrée à Neptune, ne conserve dans sa position maritime que des ruines, avec le nom de Pesti, & la ville de Salerne communique aujourd'hui son nom à un golfe qui étoit appelé *Pæstanus*. Il faut ensuite faire mention de *Helea*, colonie de Phocéens, que l'école du Stoïcien Zénon avoit illustrée, dont le nom est aussi *Velia*, & que remplace actuellement le Castello-à-mare della Brucca. *Buxentum* qui suit, ou *Pyxus* selon la manière greque d'écrire ce nom, à pris celui de Policastro. Un petit fleuve nommé *Laüs*, aujourd'hui Laino, fait le terme de la Lucanie sur ce rivage. Dans l'intérieur, une ville nommée *Abellinum* & que distingue le surnom de *Marsicum*, se fait connoître dans le Marſico vetere. *Potentia* exiſte dans Potenxa ; & quoiqu'en traverſant le Bradano, ce ſoit franchir les limites de la Lucanie, nous citerons ici *Acheruntia*, conſervant ce nom dans celui d'Acerenza. Sur le bord du golfe, *Metapontum*, où Pythagore avoit enſeigné ſa doctrine, *Heraclea*, *Sybaris*, n'ont laiſſé que peu ou point de veſtiges, la première étant la plus voiſine de Tarente, la ſeconde entre deux rivières, *Aciris* & *Siris*, la troiſième près de l'embouchure d'un petit fleuve de même nom que la ville, & d'un autre nommé *Crathis*. Les Sybarites ſont un peuple très-décrié pour ſes mœurs dans l'antiquité, & leur ville ayant été détruite par les Crotoniates, d'autres Grecs, entre leſquels fut Hérodote l'hiſtorien, vinrent la rétablir, lui donnant le nom de *Thurii*, qui s'eſt maintenu juſqu'à ce qu'elle ait ceſſé d'exiſter.

Ce qu'on nomme aujourdhui la Calabre, au midi de l'ancienne Lucanie,

étoit occupé par les *Bruttii, Crathis* &
Næthus, Crati & Neto, y font les principaux fleuves. Une vafte forêr, qui
donne de la réfine, étoit appelée *Bruttia
fila*, & dans l'Apennin on connoît encore la Sila. La ville qui portoit le nom
de *Pandofia* n'eft point connue. *Rofcia-
num, Confentia*, font évidemment Rof-
fano, Cofenza. *Petilia*, bâtie par Philoctete au retour de la guerre de Troie,
a pris le nom de Strongoli. *Croton*, qui
avoit été une grande ville, fe nomme
Cotrone. Le promontoire voifin, où fe
termine le golfe de Tarente, & nommé
Lacinium, eft appelé le Cap delle Colonne, d'après quelques veftiges d'un
temple de Junon. On fera mention de
quelques écueils qui font au-delà, parce
qu'entre plufieurs noms fous lefquels ils
paroiffent défignés dans l'antiquité, on
trouve celui d'ifle de Calypfo. Sur le
continent refferré enfuite plus qu'en aucun autre endroit par deux golfes, d'un
côté *Scylacium* fe montre dans Squillace;

de l'autre, *Hipponium*, ayant auffi porté le nom de *Vibo*, on retrouve ce nom dans celui de Bivona. *Tropea* & *Nicotera* font littéralement les mêmes. *Mamertum*, dont le nom pourroit être commun avec les Mamertins, en faveur defquels on voit les Romains mettre pour la première fois le pied en Sicile, paroît convenir à l'emplacement d'une ville ayant pour nom actuel celui d'Oppido. Il nous refte deux villes dignes de remarque, *Rhegium* & *Locri*. Un promontoire voifin de celle-ci, & nommé *Zephyrium*, faifoit ajouter au nom qu'elle tenoit de fes fondateurs, le furnom d'*Epi-zephyrii*, & le lieu nommé Motta di Burzano en conferve des veftiges. Pour ce qui eft de *Rhegium*, qui garde le nom de Regio, la fituation de cette ville fur le *Fretum Siculum*, ou le détroit qui fépare la terre-ferme de l'Italie d'avec la Sicile, nous met plus à portée qu'aucune autre de paffer dans cette ifle.

CEPENDANT, avant que de faire ce trajet, nous jetterons un coup d'œil sur les grandes VOIES romaines, qui ne sont pas moins citées dans l'histoire que dans les traités de Géographie. Elles sont distinguées par des noms tirés de leurs constructeurs. On sçait qu'elles étoient mesurées de mille en mille, & que des colomnes appelées milliaires & numérotées, indiquoient les distances, ce qui s'étoit pratiqué de la même manière dans toutes les provinces également assujetties à l'Empire.

La *Via Appia*, ou voie Appienne, s'approchoit de la mer à Terracine, conduisoit à Capoue, puis à Bénévent, où elle se partageoit en deux routes différentes pour se rendre à Brindes, sur la droite par Venuse & Tarente, sur la gauche, en suivant le bord de la mer depuis Bari. De Capoue sortoit une autre voie, sans prendre part au même nom, & qui traversant la Lucanie & le Bruttium, s'étendoit jusqu'à Regio, sur le détroit, vis-à-vis de la Sicile.

La *Via Flaminia* étoit dirigée vers le nord, jusqu'au bord de la Mer supérieure ou Adriatique, & à Rimini où elle se terminoit, succédoit l'*Æmilia*, pour pénétrer dans la Gaule Cisalpine, sans parler d'une branche de voie, qui rasant le fond du golfe Adriatique, conduisoit à Aquilée. Dans l'intervalle de l'Appienne & de la Flaminienne, deux autres voies, *Valeria* & *Salaria*, se rendoient sur le bord de la mer, la première touchant à Corfinium avant que d'arriver à Aternum, la seconde passant par Reaté, & ayant une continuation jusquà Ancone.

La *Via Aurelia*, parcourant les lieux maritimes de l'Etrurie, & ceux qui bordent ensuite le Golfe Ligustique, entroit en Gaule, où nos Provençaux l'appellent encore Camin Aurelian. Une autre voie, nommée *Claudia*, séparée de la Flaminienne près de Rome, traversoit le milieu de l'Etrurie, & joignoit l'Aurélienne en approchant de Luna. Et c'est tout ce qu'un ouvrage abrégé permet de dire, sans entrer dans un plus grand détail sur cet article des Voies romaines, dont il a paru à propos de donner une idée générale.

On pourroit peut-être trouver à redire, de ne voir ici aucune mention d'une division que fit Auguste de l'Italie en onze régions, dont il n'est toutefois parlé que dans Pline. La première consistoit dans le Latium, & dans la Campanie jusqu'au fleuve Silarus. La seconde entamoit ce que nous avons vu être du Samnium, en prenant les Hirpini, & de-là s'étendoit dans l'Apulie, & dans l'ancien pays Calabrois jusqu'au promontoire Iapygien. La Lucanie & le pays des Bruttiens composoient la troisième. La quatrième étoit réputée renfermer les plus valeureux peuples de l'Italie dans le Samnium, & la Sabine y étoit comprise. Le Picenum, une des plus populeuses contrées de l'Italie, avoit paru

suffire

suffire à composer la cinquième région.
L'Umbrie faisant la sixième, & l'Etrurie
jusqu'au fleuve Macra la septième, ache-
voient de remplir l'ancienne Italie proprement dite. Ce qui avoit été distingué
sous le nom de Cisalpine, distinction
qu'on peut croire qu'Auguste avoit voulu
faire disparoître, n'étoit divisé qu'en
quatre régions; & la huitième région
de l'Italie s'étendoit entre l'Apennin &
la rive du Pô, jusqu'à Plaisance inclusi-
vement, la Ligurie en remontant sur la
même rive du fleuve jusqu'au sommet
des Alpes, composant la neuvième. Ce
qu'on appeloit Transpadane faisoit pareillement deux régions, la dixième
composée de la Vénétie & du pays des
Carni, la onzième entre les limites de
la Vénétie & les hautes Alpes. Mais, on
ne voit point que cette division ait été
d'un usage qui en rende la connoissance
fort intéressante. Ajoutons un mot sur
ce qui fut un grand district sous les Empereurs, sçavoir la Préfecture de Rome,

K

ayant pour borne le *Centefimus Lapis*,
ou la centième colonne milliaire, fur les
grandes voies qui fortoient de la ville;
& on retrouve un de ces termes fur la
Flaminienne, dans le lieu nommé Ponte
Centefimo. Après avoir ainfi parcouru
le continent de l'Italie, paffons dans les
ifles qui lui font adjacentes.

SICILIA. CORSICA. SARDINIA.

Le nom de *Sicilia* eft moins ancien
que celui de *Sicania*, fi les *Sicani* ont
poffédé cette ifle avant les *Siculi*, que
l'on fait fortir de l'Italie quelque tems
avant la guerre de Troie, & réduire les
Sicani à un coin de l'ifle vers le couchant. On fait que les trois pointes que
forme la Sicile la faifoient appeler *Trin-
acria*. Ayant reçu des colonies Grèques,
& les Carthaginois s'y étant rendus puif-
fans, on y connoiffoit trois langues différentes, une langue Italique, la Grèque,
& la Punique. Une chaîne de montagnes

suit d'assez près le rivage septentrional, depuis le promontoire *Pelorum*, aujourd'hui Cap de Faro, qui resserre le détroit; & de ces monts, qui étoient appelés *Heræi*, c'est-à-dire de Junon, & *Nebrodes*, se détachent des branches qui s'étendent vers le midi. Plusieurs rivières rassemblées sous le nom de *Simæthus*, aujourd'hui Giarretta, tombent dans la mer au pied de l'Etna, sur le rivage oriental; *Himera*, aujourd'hui Fiume Salso, *Camicus*, Fiume di Platani, sur le rivage méridional.

Messana, Messine, très-voisine du Pélore, portoit le nom de *Zancle*, avant que des Messéniens, chassés du Péloponnese par les Lacédémoniens, vinssent s'y établir. *Tauromenium* qui suit, conserve son nom dans Taormina; & le très-petit fleuve *Acis*, qu'une fable a illustré, donne le nom à Castel d'Iaci. C'est du bord de ce rivage que s'éleve le plus fameux des volcans, *Ætna*, dont le nom actuel de Gibello est sorti d'un

terme appellatif de montagne, qui est
Gebel, dans la langue des Arabes, auxquels la Sicile a été soumise par conquête
sur l'Empire Grec de Constantinople.
Catana, qui conserve son nom, borde
la mer au pied de l'Etna. Des plaines
qui succedent avoient servi de demeure
aux *Læstrigones*, anciens & sauvages habitans de la contrée, ainsi que les *Cy-
clopes*; & on connoît *Leontini* dans ces
plaines sous le nom de Lentini. La plus
considérable des villes de la Sicile, &
célèbre dans l'histoire Grèque & Romaine, *Syracusæ*, garde à la vérité le
nom de Syragusa, mais ne conservant
des différents quartiers qui composoient
une très-grande ville, qu'une petite
pointe isolée qui se nommoit *Ortygia*.
Il faut citer *Neætum*, parce qu'une des
trois parties qu'on distingue aujourd'hui
en Sicile est appelée Val di Noto. A une
petite distance de la mer, *Helorum* conserve des vestiges, qui sur les lieux sont
appelés Muri-Ucci; & les agrémens

du canton le faisoient appeler *Helorina Tempe*. Le nom du promontoire méridional, qui étoit *Pachynum*, est actuellement Passaro. *Camarina*, colonie de Syracuse, conserve avec des vestiges le nom de Camarana. *Gela* étoit située peu au-dessus de l'emplacement actuel de Terra-nova. En traversant le fleuve Himera, qui a séparé les dépendances de Syracuse d'avec ce qui obéissoit aux Carthaginois, on trouve *Agrigentum*, ou selon les Grecs *Acragas*, dont les vestiges sont appelés Girgenti vecchio près de la ville moderne de Girgenti. Au-delà du Camicus, & d'un autre fleuve nommé *Hypsa*, aujourdjhui Belici, *Selynûs*, qui devoit sa fondation à Syracuse, est ensevelie sous des ruines qui donnent une haute idée de l'ancien état de cette ville. Avant que d'y arriver, nous aurions pu citer les *Thermæ* (ou bains chauds) surnommées *Selinuntiæ*, que l'on retrouve près d'un lieu nommé Sciacca. *Mazarum*, qui suit Selynus, & qui en dépendoit, est remarquable en ce qu'une des trois divisions de la Sicile s'appelle Val di Mazara. Le promontoire occidental de l'isle, & qui regarde l'Afrique de plus près, conserve bien un reste du nom de *Lilibæum* dans celui de Boeo, mais la ville de même nom que le promontoire se nomme aujourd'hui Marsalla. Une pointe recourbée en mer donnoit à *Drepanum* le nom que conserve Trapani; & au-dessus de cette ville s'éleve le mont *Eryx*, célèbre par un temple qu'on disoit avoir été consacré à Vénus par Enée, & auquel une citadelle nommée San-Giuliano a succédé. Des Troyens établis en ce canton de la Sicile, occupoient un peu plus loin *Egesta* ou *Segeste*, qui n'existe plus. *Panormus*, ainsi nommée par des Grecs à cause de son port, est connue pour la ville dominante, avec peu d'altération dans le nom de Palerme. *Himera* ayant dans son voisinage des bains sous le nom appellatif de *Thermæ*, une ville maritime conferve ce nom en celui de Termini. *Cephalædis* exifte dans Cefalu. Le nom de Tyndari eft refté à l'emplacement de *Tyndaris*. Melazzo repréfente *Mylæ* ; & c'eft entre cette ville & un lieu nommé *Naulochus*, que la flotte de Sexte Pompée fut détruite par celle du Triumvir Octavien. Ces pofitions nous ramenent vers le Pélore, duquel nous fommes partis pour fuivre les trois côtés qui renferment la Sicile.

Pour ce qui eft de l'intérieur, on peut entre beaucoup d'autres lieux, citer *Halycia*, qui conferve la fignification de ce nom Grec dans celui de Salemé. Le nom d'*Entella* n'eft point perdu dans un lieu actuellement détruit, mais en fituation très-avantageufe pour une place forte. *Enna*, qui étoit réputée au milieu de l'ifle, & en grande confidération par l'opinion d'avoir été le féjour de Cérès & de Proferpine, fe nomme Caftro Janni, ou par une grande méprife dans l'altération du nom ancien, Caftro Gio-

vanné. Le nom de *Menæ* , ville conf-
rruite par un ancien prince Sicilien, exifte
dans celui de Mineo. Le miel d'*Hybla*
eft célébré dans l'antiquité , & il y avoit
en Sicile plufieurs villes de ce nom :
mais , il eft parlé de celle qui étoit diftinguée par le furnom de *Major* , & dans
la dépendance de Catane , comme d'une
ville qui n'exiftoit plus.

Au refte , il convient de faire entrer
dans cet article concernant la Sicile , les
petites ifles qui en font peu éloignées
vers le nord , qu'on appeloit *Æoliæ* ,
parce qu'on en faifoit la demeure d'Eole ,
qui felon la fable étoit chargé de gou-
verner les vents , pour les tenir renfermés dans des antres , ou pour les en faire
fortir. Elles font auffi appelées *Vulcaniæ* ,
parce qu'elles ont des volcans; aujour-
d'hui Lipari , du nom de *Lipara* , la
principale. C'eft auffi le lieu de parler
de *Melite* , & de *Gaulos* qui l'accom-
pagne , ou Gozo. Les villes placées aujourd'hui avec grand avantage fur les

ports de Malte, ne font point l'ancienne ville de l'ifle, dont la pofition étoit celle d'un lieu intérieur, qui fe nomme Rabatto, d'un terme que la domination des Arabes de Barbarie fur cette ifle a mis en ufage.

Des deux ifles qui nous reftent, *Corfica*, la Corfe, qui par fon promontoire fort allongé vers le nord, nommé *Sacrum*, aujourd'hui Cap Corfe, eft la terre de ces ifles la plus voifine du continent de l'Italie, devancera par cette raifon la Sardeigne. Les Grecs la nommoient *Cyrnos*. On prétendoit que des Phocéens y avoient mis le pied : mais, le fond de la nation infulaire étoit de fang Ligure ; & il eft parlé du caractère fauvage de ce peuple comme naturel à un pays très-âpre & de difficile accès. Les Corfes avoient éprouvé la tyrannie des Carthaginois, avant que les Romains entrepriffent de les foumettre. L'ifle reçut deux colonies, *Mariana* par Marius, *Aleria* par Sylla. On en connoît des vestiges sur la côte orientale, & on estime que la ville moderne de Bastia a remplacé celle que l'on trouve sous la dénomination de *Mantinorum oppidum*. Le nom de *Palania* s'est conservé dans le canton appelé la Balagna, & le *Casalus sinus* paroît répondre à l'anse de Calvi. Les Grecs appeloient *Taphros*, c'est-à-dire fossé, le canal qui sépare Corse d'avec la Sardeigne.

En comparant la figure de la Sardeigne à la plante du pied, cette isle étoit appelée *Ichnusa* par les Grecs. On parle également de la fertilité du sol, & de l'insalubrité de l'air. Une partie du pays est couverte de montagnes, & celles de la partie septentrionale sont tellement âpres & escarpées, qu'elles ont été appelées *Insani montes*, les monts insensés. Le plus considérable des fleuves, & nommé *Thyrsus*, coulant du nord au sud, se rend dans la mer sur le rivage occidental, près de la ville moderne d'Oristagni, & le nom de cette

ville sert actuellement à le désigner. Des
Afriquains étoient venus habiter la Sardeigne, sous un chef dont on vouloit
que le nom de Sardus se fût communiqué au pays. On y connoissoit des colonies Ibériennes ou Espagnoles. Des
Troyens qui s'y étoient établis, y furent
long-tems distingués par le nom d'Iliens,
tiré d'Ilium leur ancienne patrie. Les
Carthaginois y fondèrent les villes de
Calaris & de *Sulci*, dont l'une conserve
avec le nom de *Caglieri*, le premier rang
qu'elle tenoit dans l'isle; & on connoît
des vestiges de l'autre sur le détroit, qui
sépare du continent de la Sardeigne la
petite isle nommée sant Antioco. Le
nom de *Neapolis* s'est conservé dans le
fond du golfe d'Oristagni. On reconnoît
Lesa dans Alés, & le *Forum Trajani* dans
Fordongiano. *Bosa*, ville maritime, n'a
point changé de nom. Il en est de même
de *Nora* ou *Nura*, dans un canton montueux. Le lieu de *Turris Libisonis* est in-
diqué par le Porto de Torre, sur le ri-

K vj

vage septentrional. Cette ville étoit Romaine, & ses environs conservèrent le nom de Romangia, dans un tems où des Barbaresques, qui ont laissé celui de Barbaria à un canton de l'isle, avoient envahi la Sardeigne. *Tibula ;* au plus haut du sommet de l'isle occupé par des Corses, convient au port nommé actuellement Longo - Sardo. *Olbia ,* ville Grèque & des plus anciennes, ayant un port qui regarde l'Italie de plus près qu'aucun autre , devoit être vers l'endroit où existe aujourd'hui Terra-nova. Remarquons finalement, que le nom de *Luquido* paroît avoir fait celui de Lugodori , qui dans l'état actuel distingue ce canton septentrional d'avec plusieurs autres.

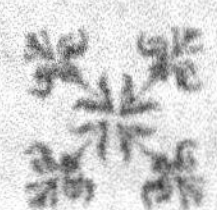

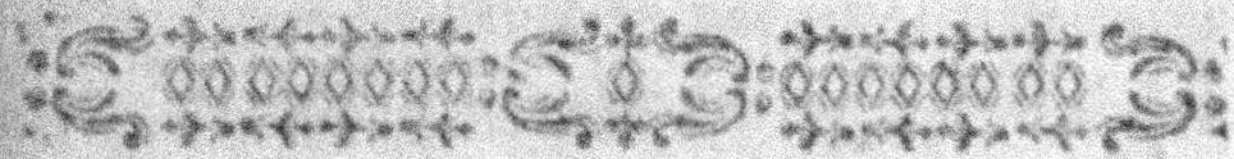

VII.

GRÆCIA.

En voyant dans l'hiſtoire quelle a été la puiſſance de quelques Etats particuliers, dont la Grèce comprenoit un aſſez grand nombre, à juger de cette puiſſance par les guerres qui ont armé ces Etats les uns contre les autres, ou qu'ils ont ſoutenues contre des forces étrangères très-conſidérables, on ſe formeroit l'idée d'un grand pays, ſi l'on n'en étoit point détrompé par la connoiſſance poſitive du local. Cette connoiſſance ne nous fait voir dans ce que contenoit la Grèce proprement y dite, y compris le Péloponneſe, guère plus d'eſpace de terre que n'en occupe le royaume de Naples dans le continent de l'Italie, & indépendamment de la Sicile. On n'imagineroit pas

que cette iſle ſeule peut balancer le Péloponneſe , en le détachant de la Grèce
propre , quoiqu'il faſſe compter ſix Provinces ſéparément les unes des autres. Ce
qui fera à jamais l'honneur de la Grèce
eſt aſſez connu ; & on a dit , que réduite
à l'obéiſſance par les armes Romaines ,
elle triompha de Rome , en y établiſſant
les arts , qui dans cette maîtreſſe du
monde étoient ignorés. (*)

Les Grecs ſe donnoient le nom de
Hellenes , & le nom des Hellines eſt encore connu chez les Turcs , en parlant
des Grecs. Mais , ce qu'on appeloit *Hel-*
las ne s'étendoit pas également à tout ce
qui paroît compris ſous le nom de Grèce ,
excluant la Macédoine , & preſque l'E-
pire. Il eſt parlé ſous le nom de *Pelaſgi*
d'un premier peuple , à peu près dans
l'état des nations qu'on traite de ſauvages. On diſtingue enſuite quelques
races principales , *Iones , Dores , Æoles*.

(*) *Græcia capta ferum victorem cepit , & artes*
Intulit agreſti Latio. Horace.

L'Attique fut la demeure primitive &
particulière des Ioniens, qui dans le Péloponnese occupèrent l'Achaïe. Les Do-
riens sortis des environs du Parnasse, se
rendirent puissans dans le Péloponnese.
Les Eoliens avoient habité la Thessalie.
Quelques étrangers sortis de l'Egypte &
de la Phénicie, vinrent civiliser les premiers habitans de la Grèce. Mais, après
avoir fait remarquer quelque distinction
par rapport à l'étendue du nom de Grèce,
dans ce qui lui appartient plus étroitement, c'est néanmoins avec les accessions
de pays qu'il a reçues que nous devons
en traiter ici. En partant donc du terme
où nous a conduits l'Illyricum, nous
comprendrons la Macédoine dans sa plus
grande extension, vers l'Epire d'un côté,
& de l'autre vers la Thrace ; & de cette
partie qui occupe le nord de notre sujet,
nous ferons par cette raison une division
précédant les autres, sous le titre de *Macedonia*. La Thessalie avec l'Epire, &
diverses contrées particulières qui se sui-

vent jusqu'à l'Isthme, composeront une seconde division, qui sera intitulée *Græcia* ; suivie d'une troisième, ayant pour titre *Peloponnesus*. Les mers Adriatique & Ionienne bordant d'un côté le continent de la Grèce, que la mer Egée embrasse de l'autre, *Creta* & *Cyclades* demanderont un supplément à ce que renferme ce continent.

MACEDONIA.

Des peuples Illyriques occupoient par une continuité d'étendue le pays voisin de la Mer Adriatique jusqu'aux confins de l'Epire, avant que cette partie eût été attribuée à la Macédoine par les Romains, & que postérieurement elle fît une province particulière sous le nom d'*Epirus nova*, ou de nouvelle Epire. On y distingue entre autres rivières, *Drilo*, qui est le Drin noir, *Mathis*, ou Mattia, *Genusus*, appellé Semno, *Apsus*, qui a pris le nom de Crevasta, *Aous*, ou Lao,

Celydnus, Salnich, autrement Voiussa.
Des monts qui étoient appelés *Candavii*,
sur la voie qui conduisoit dans l'intérieur de la Macédoine, sont aujourd'hui
appelés Crasta. Quant à des noms de
peuples particuliers, *Parthini*, *Taulan-
tii*, & autres, les connoissances actuelles
n'offrent rien qui y réponde. On sçait
que le nom d'Albanie s'étend à cette
contrée, & une *Albanopolis* que donne
Ptolémée, paroît exister dans une ville
dont le nom est Albasano. La principale
des villes sur la côte, & du plus grand
abord, colonie de Corcyre, sous le nom
d'*Epi-damnus*, changea ce nom qui étoit
de mauvais augure par la signification
qui lui est propre en langue Greque,
& fut nommée *Dyrrachium*, d'où s'est
formé le nom actuel de Durazzo. En
s'éloignant vers le midi jusqu'au voisinage du fleuve Aous, *Apollonia*, à quelque distance de la mer, se distinguoit
par l'étude de la littérature Grèque, &
on connoît des vestiges de cette ville,

avec l'altération de son nom en celui de Polina. Sur un golfe qui pénètre ensuite assez profondément dans les terres, le nom d'*Aulon* se prononce actuellement Valona; & la forteresse élevée sur une montagne adjacente, conserve dans le nom de Canina celui de la Chaonie, qui étoit limitrophe, & comprise dans l'Epire. *Oricum* avoit un port au fond du golfe dont on vient de parler. En entrant dans les terres, une ville d'*Elyma* paroîtroit avoir communiqué ce nom à l'*Elymiotis*, qui pénétroit dans la Macédoine; & cette ville pourroit se rapporter à celle qui dans un idiome Slavon s'appelle Arnaut Beli-grad, ou ville blanche Albanoise. *Scampis*, sur une grande voie romaine, se fait connoître par le nom d'Iscampi. Mais, une ville principale dans l'intérieur, & attribuée aux *Dassaretii*, étoit *Lychnidus*, près d'un lac d'où sort le Drin. C'est à tort qu'on en fait la *Justiniana prima*, dont il sera mention en parlant de la Dardanie. Les

Bulgares qui se firent un grand Etat plus d'un siècle après le règne de Justinien, ou dans le huitième, prirent l'emplacement de Lychnidus pour leur capitale, sous le nom d'Achrida, qui subsiste. Dibra qui est plus bas sur le cours du Drin indique *Deborus*; & la carte donnera quelques autres positions, qu'une expédition de Persée, dernier roi de Macédoine, en cette partie Illyrique, peut faire desirer de connoître.

La Macédoine contenue dans ses anciennes limites, & bornée au couchant par le pays dont on vient de parler, confinoit du côté du levant à la Thrace, dont elle étoit même resserrée, avant que les environs du fleuve Strymon y fussent compris par accroissement. Elle avoit au nord la Dardanie, & bordoit au midi la Thessalie. Qui croiroit qu'on soit encore trop dépourvu de connoissance actuelle sur l'intérieur d'un pays dont le nom a fait tant de bruit, pour que l'ancienne Géographie puisse tirer de

cette connoissance le secours dont elle
auroit besoin pour être éclaircie ? Le
plus considérable de ses fleuves, *Axius*,
aujourd'hui Vardari, sortant du mont
Scardus de la Dardanie, & recevant dans
son cours le plus grand nombre des rivières de la contrée, tombe dans le fond
du *Sinus Thermaicus*, ou golfe de Thessalonique, après avoir communiqué par un
canal avec l'*Erigon*, grossi de l'*Astræus*,
ou Vistriza. Sur les confins de la Thessalie, *Haliacmon*, se rend dans le même
golfe, près d'un lieu qui portant autrefois le même nom que ce fleuve, est connu sous celui de Platamona. Le *Strymon*
prenant sa source dans ce qu'on appelle
Despoto-dag, ou la montagne du prince,
est reçu dans un golfe qui en tiroit le
nom de *Strymonicus Sinus*. Les monts
Scardus & *Orbelus* de la Dardanie, qui
sont appelés Monte Argentaro, couvrent
le pays dont la Macédoine est terminée
vers le nord.

Cette partie septentrionale portoit le

nom de *Pæonia*, & diverses nations comprises sous ce nom s'étendoient jusqu'aux frontières de la Thrace. Le nom de *Pelagonia* en tient quelquefois la place, & pénetre dans l'intérieur de la Macédoine, ayant *Stobi* pour ville principale, & qui fut métropole de province, lorsque la Macédoine en forma deux, dont l'une étoit appelée *Salutaris*. L'emplacement d'un canton particulier vers le haut de l'Erigon, & nommé *Deuriopus*, est plus constamment déterminé que plusieurs autres par cette circonstance. La position d'une ville du nom d'*Héraclea*, est donnée par sa situation sur une voie Romaine tendante de Lychnidus à Thessalonique, & cette ville indique le canton de *Lyncestis*, parce qu'il la renfermoit. Celui d'*Eordæa* paroît avoir été limitrophe, vers le pays Illyrien. La plus distinguée des contrées de la Macédoine, & décorée des villes dont nous allons parler, étoit *Emathia. Edessa*, nommée autrement *Æge*, ou la ville des chevres, fut une ville royale avant Pella; & le premier de ces noms lui eſt reſté, quoique celui de Moglena, que porte le pays des environs, lui ſoit auſſi appliqué. *Pella*, qui prit le premier rang ſur Edeſſe, étoit avantageuſement ſituée dans un lac, lequel communiquoit à la mer par un canal de rivière, appelé *Ludias*, qui coule parallelement au Vardari; & on a connoiſſance en ce canton de deux lacs, dont l'un nommé Oſtrovo eſt cité dans un temps poſtérieur à l'antiquité, comme étant dominé par un château nommé Bodena, aſſis ſur un rocher. On dit que des veſtiges de Pella ſont appelés Palatiſa, ou les petits palais. *Berœa*, autre ville conſidérable, ſubſiſte ſous le nom de Cara-Veria, ou de la noire Bérée. Il eſt mention dans l'intérieur du pays d'une ville de *Celethrum*, que renfermeroit un lac; & cette ſituation ſe rapporteroit à celle dont il eſt parlé du temps de l'Empire Grec de Conſtantinople ſous le nom de Caſtorie. Sur le côté occidental du golfe Thermaïque, dans le canton appelé *Pieria*, le lieu où la défaite du dernier roi de Macédoine fit tomber ce royaume au pouvoir des Romains, *Pydna* se nommoit autrement *Citron*, & le nom de Kitro a subsisté. La dernière ville Macédonienne sur ce rivage, *Dium*, est connue par le nom actuel de Stan-Dia, dans lequel une préposition de lieu précede le nom propre, par un usage que le vulgaire des derniers tems a rendu commun à plusieurs dénominations locales.

Au levant de l'Axius, *Mygdonia* est une des grandes contrées de la Macédoine, & prise en grande partie sur la Thrace par les rois prédécesseurs d'Alexandre. *Thessalonica*, qui sous les Romains prévalut sur toute autre ville en Macédoine, étoit appelée *Therma*, avant que Cassandre lui eût fait prendre le nom de son épouse sœur d'Alexandre. On sait qu'elle se soutient dans un état assez florissant, sous le nom de Saloniki.

Vers le nord de la Mygdonie, on peut citer *Idomene*, *Europus ad Axium* ou sur l'Axius ; en descendant ensuite vers le midi, *Anthemûs*, *Apollonia*, que l'on connoît sous le nom de Polina, & en baissant encore davantage vers la mer, *Chalcis*. On attribuoit à Enée la fondation d'*Ænia*, sur le golfe au-dessous de Thessalonique. *Potidæa*, située dans le col d'un isthme, défendoit l'entrée d'une peninsule nommée *Pallene*. Cette ville ayant été renouvellée par Cassandre, prit le nom de *Cassandria* ; & il est remarquable que l'ouverture de l'isthme soit encore apppelée les portes de Cassandre. La pointe de la peninsule est appelée Paillouri, & se nomme aussi Canomistro, en conservant le nom de *Canastræum*, qui dans l'antiquité distingue ce promontoire d'avec la peninsule. Cette pointe sépare le *Thermaicus sinus* de celui que la ville de *Torone*, ou Toron, sur la droite en entrant faisoit nommer *Toronaicus*. *Olynthus* se fait remarquer au fond de ce golfe ;

golfe ; & vers cet emplacement , il est mention aujourd'hui d'un lieu nommé Agiomama. Un golfe qu'une seconde peninsule sépare du Toronaïque , & qui étoit appelé *Singiticus* , borde un des flancs du fameux Mont *Athos* , que le *Strymonicus sinus* resserre d'un autre côté. Ce mont , que ses monasteres font appeler aujourd'hui Agios-oros , ou Monte-Santo , étant isolé de toute autre montagne , ne tient au continent que par une langue de terre étroite & basse , qu'il fut assez facile à Xerxés de creuser, pour y faire passer sa flotte , comme il est rapporté dans l'histoire. Il faut ensuite faire mention de *Stagyra* , recommandable pour avoir donné la naissance à Aristote , & dont la position près de la mer se rapporte à celle dont le nom actuel est Staûros.

Le *Strymon* formant deux embouchures , *Amphipolis* étoit située dans l'angle de la division du fleuve ; & les Athéniens lui donnèrent ce nom , pour expri-

L

mer une position équivoque entre la Macédoine & la Thrace. Le lieu se nommoit auparavant *Novem viæ*, ou les neuf voies, & le nom d'Amphipolis est aujourd'hui Iamboli. Près d'une rivière nommée *Pontus*, étoit une ville nommée d'*Heraclea*, que le canton du pays faisoit surnommer *Sintica* ; & cette rivière à l'issue d'une lagune nommée *Carcinitis*, près de laquelle est un lieu appelé Marmara, se rend dans le Strymon près de sa division. En s'avançant vers la frontière, & peu audessus de la mer, la ville de *Philippi*, qui devoit son nom à Philippe pere d'Alexandre, & qui vit à ses portes une bataille fatale à Brutus & Cassius, meurtriers de César, est actuellement ruinée ; & si l'on trouve que le nom de Drame lui soit appliqué aujourd'hui, c'est en le tirant d'un autre lieu de ce canton, dont le nom étoit *Drabescus*. Sur la mer, & dans une situation avantageuse pour le commerce, *Neapolis* tenoit la place d'une échelle qu'on nomme la Cavale. Deux croupes du Mont *Pangæus*, aujourd'hui appelés Castagnats, qui est une branche détachée du Rhodopé, serrent le rivage de la mer d'assez près pour former des détroits, dont les passages avoient été fermés par des murs. Vis-à-vis d'une pointe avancée en mer au plus reculé de ces passages, l'isle appelée *Thasus*, que ses marbres rendoient célèbre, & qu'on croyoit avoir été abordée par des Phéniciens, n'est séparée du continent que par un canal de peu de largeur, & le nom de Thaso lui est resté.

GRÆCIA.

Sous ce titre nous embrassons ce qui au midi de la partie précédente, est renfermé par la Mer Ionienne & le golfe de Corinthe d'un côté, de l'autre par la Mer Egée. *Epirus* & *Thessalia* remplissent la partie septentrionale de cet objet, & en l'envisageant d'occident en orient, l'Epire devance la Thessalie. Le rivage de l'Epire commence à une pointe nommée *Acro-ceraunia*, opposée directement au talon de l'Italie, & où se terminent des montagnes, qui exposées par leur élévation à être frappées de la foudre, étoient appelées *Acro-ceraunii montes*. Cette pointe est nommée Linguetta par les Italiens, & Glossa par les Grecs. Le canton situé dans ces montagnes & le long de la mer, se nommoit *Chaonia*; & le nom de *Chimera*, qui étoit celui d'un lieu maritime de la Chaonie, est appliqué aujourd'hui à cette contrée. *Thesprotia* est ensuite une des principales parties de l'Epire, jusque vers l'entrée du golfe d'Ambracie. *Buthrotum* s'y distingue plus que tout autre lieu, & subsiste sous le nom de Butrinto. *Corcyra* n'est séparée que par un canal assez étroit du continent de l'Epire, vis-à-vis de la Thesprotie. C'est l'isle des Pheaques dans Homère. La ville du même nom que l'isle, & qui reçut une colonie de Corinthiens, & devint puissante, n'occupant pas précisément l'emplacement qu'on a donné à la ville moderne, étoit renfermée dans une péninsule qu'on nomme Chersopoli ; & le nom actuel de Corfou, dérivant d'un terme Grec qui désigne une élévation, n'a rien de commun avec l'ancien. L'intérieur de l'Epire est peu connu. Une rivière nommée *Acheron*, se rend dans le *Glykys-limen*, ou port doux, près duquel un lieu conserve le nom de Glykeon. *Dodone*, célèbre par le plus ancien des oracles de la Grèce, étoit reculé dans les terres. *Molossis*, le pays des Molosses, nation dominante en Epire, s'étendoit le long de l'*Ambracius sinus*, auquel *Ambracia*, ville royale des Epirotes, & de Pyrrhus en particulier, donnoit le nom. Peu au-dessous du lieu qu'occupoit cette ville, le golfe reçoit un fleuve, dont le nom d'*Arethon* a fait celui de la ville d'Arta, située plus haut que n'étoit autrefois Ambracie, & qui devenue la principale du pays communique son nom au golfe. La victoire d'*Actium* fit d'un camp qu'avoit occupé le vainqueur, une ville sous le nom de *Nicopolis*, dont les prérogatives causèrent la décadence d'Ambracie. Son emplacement est connu dans ce qu'on appelle Prevesa-vecchia. Le mont *Pindus* sépare le fond de l'Epire d'avec la Thessalie ; & entre plusieurs contrées particulières sur le penchant de cette grande montagne, *Athamania* paroît avoir été la plus considérable.

La Thessalie est bornée de trois côtés par des montagnes ; vers le nord par l'*Olympus*, voisin de la mer, jusqu'au mont *Stymphe* ; vers le couchant par le *Pindus*, au midi par l'*Œta*. *Peneus*, le Pénée, traverse la contrée d'occident en orient, pour se rendre dans le Golfe Thermaïque, après avoir reçu un assez grand nombre de rivières, dont la plus considérable paroit être *Apidanus* sur la rive droite. On lui donne aujourd'hui le nom de *Salampria*. Différentes contrées partagent la Thessalie, *Estiæotis*, & *Pe-*

lasgiotis, dans le voisinage du Pénée, l'une vers le haut, l'autre vers le bas, *Thessaliotis* plus au midi, & *Phthiotis* de même en tirant vers la mer. La nation des *Perrhæbi* donne le nom de *Perrhæbia* à ce qui est adjacent aux montagnes dans le nord de la Thessalie. *Dolopia* est reculée vers les confins de ce qu'on verra par la suite appartenir à l'Etolie.

Nous avons peu de notions actuelles de ce pays, ce qu'on est contraint avec peine de répéter en parlant de la Grèce. *Larissa*, qui avoit été le domaine d'Achille, fut la plus considérable des villes de la Thessalie, & elle subsiste sur le même pied, & en conservant son nom sans altération. C'est après avoir laissé cette ville sur la rive droite, que le Pénée resserré entre l'*Olympus* & l'*Ossa*, de manière à n'avoir entre ces montagnes qu'autant qu'il faut d'espace à un cours rapide, se rend dans la mer par une embouchure qu'on nomme Lycostomo, ou bouche de Loup; & la longueur de

ce paſſage dans des lieux ſauvages & eſ-
carpés, eſt la fameuſe vallée de *Tempe*.
Quant à quelque détail de lieux particuliers, *Gomphi*, *Tricca*, ſe diſtinguent
vers le haut du Pénée, & la dernière
de ces villes eſt connue ſous le nom de
Tricala. On reconnoît le nom d'*Oloof-*
ſon dans Aleſſone. *Azorus* étoit la ville
principale d'une Pélogonie ſurnommée
Tripolitis, ou des trois villes, vers la
frontière de la Macédoine, comme l'expédition d'un général Romain contre
Perſée le fait connoître. Ioannina, qui
eſt actuellement une ville de conſidération, mais qui ne donne point le nom
de Ianna à la Theſſalie, quoique des
cartes & des livres le veulent ainſi, paroît avoir tiré ce nom d'un fleuve nommé *Ion*, affluant dans le Pénée. Si l'on
paſſe enſuite au midi du Pénée, *Phar-*
ſalus, ſur le fleuve *Enipeus*, reçu par
l'*Apidanus*, ce lieu qu'une fameuſe jour-
née rendra toujours mémorable, conſerve dans les cartes le nom de Farſa.

Plus près de la mer, & au-delà de *Pheræ*, *Demetrias*, qui devoit ce nom & sa fondation à Demetrius Poliorcete, au fond du golfe appelé *Pelasgicus*, qui prend aujourd'hui le nom de Volo, étoit une des places que l'on jugeoit propres à donner des chaînes à la Grèce. Sur le côté du golfe, la ville de *Thebæ* étoit distinguée de la Béotienne par le surnom de *Phthioticæ*. L'entrée du golfe avoit un port, duquel on prétendoit qu'étoit sorti le navire des Argonautes, & dont le nom d'*Aphetæ* conserve quelque ressemblance dans celui de Fetio. *Magnesia* au dehors du golfe, près du promontoire *Sepias*, où la flotte de Xerxés fut battue par la tempête, communiquoit son nom à un canton de pays. Vis-à vis font rangées plusieurs isles, au midi du golfe Thermaïque, *Sciathus*, *Scopelus*, *Halonnesus*, *Peparethus*, dont les deux premières conservent leur nom.

Mais, en rentrant dans les terres, nous ferons mention d'une ville située

avantageusement en lieu élevé, & dominant immédiatement sur les plaines
de la Thessalie. Elle étoit appelée *Thau-
macé*, parce qu'on étoit comme surpris
d'admiration à cet aspect, en sortant
d'un pays montueux, & des gorges qu'il
faut traverser pour entrer en Thessalie
par le côté limitrophe de la Phocide.
Lamia est remarquable pour avoir donné
le nom à une guerre que les Grecs eurent
avec la Macédoine après la mort d'A-
lexandre. Le *Sperchius* n'en est pas fort
éloigné. Ce fleuve sortant de la partie
la plus reculée du mont *Œta*, & ayant
passé *Hypata*, dont les femmes étoient
réputées habiles dans la magie, tombe
dans le sinus *Maliacus*, qui succede au
Pelasgicus. Plus loin, & sur le côté méridional de ce golfe, sont les lieux les
plus resserrés jusqu'au fameux défilé des
Thermopyles. Dans une petite plaine
entre les montagnes, étoit placée une
ville nommée *Trachys*, comme qui diroit âpre, ou *Heraclea Trachynia*, du nom

d'Hercule, que l'on difoit s'être jetté
dans le bucher allumé fur le mont *Œta*,
qui eft peu éloigné. Cet emplacement
n'eft pas demeuré vide, & contient une
ville nommée Zeiton, dont le golfe Ma-
liaque prend aujourd'hui le nòm.

Après avoir terminé la Theffalie, il
faut revenir vers la mer Ionienne. Ce qui
s'appeloit *Acarnania*, & dont le nom
n'eft pas entièrement perdu aujourd'hui
dans celui de Carnia, étoit féparée de
l'Epire par le *finus Ambracius*. Cette contrée bordoit enfuite le rivage de la mer,
jufqu'à l'embouchure du fleuve *Achelous*,
dont le cours faifoit la féparation de
l'Acarnanie d'avec l'Etolie. Ce fleuve,
qui defcend du mont *Pindus*, fe nomme
aujourd'hui Afpro potamo, ou fleuve
blanc, & on eft informé qu'il en fort une
dérivation que l'on croit avoir fon iffue
dans le golfe d'Arta, ou d'Ambracie. Il
fe rend dans la mer vis-à-vis des *Echi-*
nades, petites ifles plates, & prefque
unies au continent par les alluvions de

ce fleuve ; & à l'écart, ou plus au large
font d'autres isles pointues, *Oxiæ*, nommées aujourd'hui Curzolari. *Anactorium*
étoit la première place en entrant dans
le golfe ; elle précede la position d'*Actium*, dont l'emplacement en ruine fe
distingue fous le nom d'Azio ; & c'eft
dans un baſſin antérieur au plus grand
enfoncement du golfe, & que deux
pointes oppoſées reſſerrent au-delà d'A-
zio, que s'eft livré le fameux combat
naval, qui décida de l'empire du Monde
entre deux rivaux qui fe le diſputoient.
Dans le plus reculé du golfe, *Argos* fur-
nommé *Amphilochicum*, donne encore
aujourd'hui au canton où cette ville exiſtoit le nom de Filoquia. Il eft parlé de
Stratus comme d'une ville forte en Acarnanie, à laquelle on remontoit par l'*A-
chelous*. Celle d'*Œniadæ* étoit placée près
de l'entrée du fleuve. Mais, ce qui regarde l'Acarnanie, nous fera fortir du
continent. *Leucadia*, qui conſerve le
même nom, & qui a porté auſſi celui

de *Neritus*, étant primitivement une péninsule, avoit été isolée, en creusant
une plage basse & étroite, par laquelle
cette portion de terre prolongée en mer
tenoit à la terre-ferme. La ville de *Leu-
cas*, qui lui donnoit le nom, n'étoit point
en même position que celle d'une place
Vénitiénne nommée sainte-Maure. *Ce-
phallenia*, dont le nom dans l'usage actuel s'écrit Cefalonia, étant en situation
plus immédiate de Leucadia que de tout
autre endroit dont nous ayons à parler,
doit trouver place ici. Une ville de même
nom que l'isle dans l'intérieur, est remplacée par un lieu nommé Borgo ; &
près du rivage oriental, on trouve un
emplacement sous le nom de *Same*, &
ce nom a été appliqué à l'isle même. Un
canal de mer sépare ce rivage d'une autre isle, appelée la petite Cefalonie,
mais dont le nom propre de Theaki paroît représenter celui d'*Ithaca*, qu'il seroit absurde de rapporter à un écueil
au-devant de Theaki, d'après le nom

d'Iotaco qu'on lui fait porter. On voit dans Homère qu'Ulisse commandoit aux Céphalléniens, sans quoi son domaine eût été fort étroit.

Ætolia, l'Etolie, succede à l'Acarnanie, & du bord de la mer s'enfonce dans les montagnes jusqu'aux confins de la Thessalie, que des Valaques qui y ont été transportés par des empereurs Grecs habitent aujourd'hui, d'où vient que ce canton a pris le nom de Vlakia. On voit les Etoliens jouer un assez grand rôle dans la Grèce sous les derniers rois de Macédoine, mais réduits ensuite par les Romains. Le fleuve *Evenus*, qui traverse tout le pays dans sa longueur, est aujourd'hui appelé Fidari. Il faut citer *Calydon* vers le bas du cours de cette rivière. Mais, la principale des villes de l'Etolie dans l'intérieur du pays étoit *Thermus*, qu'une expédition de Philippe fils de Demétrius, nous fait connoître, avec quelques autres circonstances locales du même canton.

Il faut pour entrer dans la Phocide, parler des *Locri*, surnommés *Ozolæ*, comme qui diroit *male olentes*, ou les puans, d'après ce que débitoit la fable, que les fleches d'Hercule, trempées dans le sang de l'hydre de Lerne, y ayant été enterrées par Philoctete, exhaloient une mauvaise odeur. On les distinguoit aussi par le surnom d'*Hesperii*, ou d'occiden-taux, d'avec ceux qui habitoient à l'orient de la Phocide vis-à-vis de l'Eubée. *Nau-pactus*, que nous appelons Lépante, par une étrange dépravation du nom d'Ene-bect, formé par les Grecs de celui de Naupact, est la principale ville de cette Locride. Il est à remarquer, que selon l'antiquité, le *Sinus Corinthiacus* prend son commencement sur la côte d'Etolie depuis l'entrée de l'Acheloüs, avant que d'être très - resserré par deux pointes opposées, *Rhium & Anti - Rhium*, qui ont aujourd'hui des châteaux, que l'usage est d'appeler Dardanelles de Lepante, le nom de Lépante s'étant même communiqué au golfe. Et c'est auſſi dans cette partie antérieure du Corinthiaque, & non ſous Lépante, qui eſt au-delà du détroit, que la flotte Chrétienne & l'Ottomane combattirent en 1571. Dans le fond du pays, *Amphiſſa*, qui a pris le nom de Salona, eſt de la Locride. *Phocis*, ou la Phocide, n'offre rien de plus célèbre que *Delphi*, & le *Parnaſſus mons*, qui couvre cette ville vers le nord. Delphes eſt aujourd'hui un petit lieu nommé Caſtri, & la pointe du Parnaſſe la plus élevée ſe nomme Heliocoro. *Criſſa*, au midi de Delphes, donnoit le nom de *Criſſæus ſinus* à la partie du Golfe Corinthiaque que l'on nomme aujourd'hui Golfe de Salone. *Anticyra* dans le col d'une péninſule, a pris le nom d'Aſpro - ſpitia. Une petite contrée, *Doris*, ou la Doride, reculée dans les montagnes de l'intérieur du pays, donne naiſſance au fleuve *Cephiſſus* ; & près de ſon cours, *Elatia*, la plus grande des villes de la Phocide, n'exiſte plus que dans le lieu appelé Turco - chorio. Les *Locri*, que la ville d'*Opûs* faifoit furnommer *Opuntii*, & ceux qui du mont *Cnemis* tiroient le nom d'*Epi-Cnemidii*, bordoient la mer qui fépare cette partie du continent d'avec l'Eubée. Le fameux détroit des *Termo-pylæ*, où le pied du mont *Œta* ne laiſſe que le paſſage d'un chariot jufqu'au rivage, tient aux Epi-Cnemides. Des Thermes, ou bains chauds, dans ce paſſage, donnoient le nom à ce qu'on appeloit en même temps des portes, dont une poignée de Lacé-démoniens entreprit de défendre l'entrée à l'armée de Xerxès.

Bæotia, la Béotie, fuccédant à la Phocide, s'étend le long de la mer vis-à-vis de l'Eubée, & touchant d'un autre côté au Golfe Corinthiaque, elle eſt limitrophe de l'Attique du même côté, qui regarde le midi. La terre y étant graſſe & fertile, l'air plus épais que dans l'Attique, dont le fol eſt fec & ſtérile, on croyoit voir de la différence dans les

esprits & le génie des naturels de ces
deux contrées. Un lac spacieux, nommé
Copais, qui reçoit le *Cephissus*, & dont
les eaux passent sous une croupe de montagne, communique par plusieurs émis-
saires avec la mer, que cotoye la montagne. Dans l'intérieur du pays, *Thebæ*,
qui devoit sa fondation à Cadmus, venu
de Phénicie, & duquel la citadelle de
cette ville tiroit le nom de *Cadmea*,
conserve quelques restes sous le nom de
Thiva. Détruite par Alexandre, qui
n'épargna que la maison de Pindare,
elle se releva de ses ruines. *Lebadea*, que
distinguoit l'oracle de Trophonius dans
un antre où l'on se précipitoit, paroît
aujourd'hui la ville dominante, d'où
vient que le pays porte d'une manière
impropre le nom de Livadie dans les
cartes. *Cheronæa*, que la victoire de Philippe, pere d'Alexandre, sur les Grecs,
& celle de Sylla sur les généraux de
Mithridate, rend célèbre dans l'histoire,
& plus recommandable pour avoir donné

la naissance à Plutarque, se trouve comme la ville précédente reculée dans le nord de la Béotie, vers la Phocide. *Orchomenus* étoit réputée d'une si grande opulence dans les premiers tems, que ses richesses passoient en proverbe. *Haliartus* sur le côté du Copaïs fut détruite par les Romains dans la guerre de Macédoine. Le dos que forme l'*Helicon*, nommé aujourd'hui Zagaro-vouni, couvre au nord la ville de *Thespiæ*, & le fond du Golfe Corinthiaque ; & on peut citer *Leuctra*, qui n'en est pas loin, comme un lieu que la victoire d'Epaminondas sur les Lacédémoniens a illustré. *Platææ*, dont le nom rappelle la défaite des Perses commandés par Mardonius, est séparée d'*Eleutheræ* par le mont *Cytheron*. L'*Asopus*, qui traverse la plaine, que borne le mont *Parnes*, en séparant la Béotie d'avec l'Attique, rencontre la mer au-dessous de *Tanagra*. *Aulis* étoit un port, où se fit l'embarquement des Grecs pour se rendre devant Troie, &

on en connoît deux, Megalo & Micro-
Vathi, grand & petit port, voisins comme étoit Aulis de l'Euripe, dont il sera
parlé en traitant de l'Eubée.

Le nom d'*Attica* dérivoit du terme
grec *Aкτὴ*, désignant une terre bordée
par la mer; comme en effet l'Attique
en est resserrée de deux côtés. Nous l'éten-
drons jusqu'à l'Isthme, en y comprenant
la Megaride, qui néanmoins prétendoit
tenir lieu d'un canton particulier sans dépendance. *Athenæ*, dont la gloire est assez
connue du côté des beaux arts, qui de son
sein se sont répandus chez les nations
où ils ont été le mieux cultivés, conserve
son nom sous la forme d'Atheni; & c'est
par dépravation, & en y attachant la
préposition de lieu, qu'Athènes s'appelle
Setines, selon qu'en parlent des gens
peu instruits. Cette ville située à quelque
distance de la mer, avoit néanmoins trois
ports, dont le principal, quoique le plus
éloigné, nommé *Piræus*, aujourd'hui
Porto-leone, avoit une communication

avec la ville, par le moyen de deux longs murs dans un espace de 40 stades. *Munychia* & *Phalerus* étoient les autres ports. Entre les montagnes de l'Attique, *Hymettus* & *Pentelicus*, assez près d Athènes, sont les plus connues, la première de ces montagnes par le miel qu'elle donne, la seconde par son marbre. On sçait combien les mystères de Cérès distinguent *Eleusis*, dont le nom se prononce aujourd'hui Lefsina. *Salamis* par son étendue, ne laisse que des passages étroits pour entrer dans l'anse que forme la mer devant cette ville, & cette isle prend le nom de Colouri d'un lieu qu'elle renferme. En se tournant d'un autre côté, il faut dire que *Marathon* conserve sur le lieu un nom, que la victoire des Athéniens sur les Perses a rendu mémorable. Entre les événemens de la guerre du Péloponnèse, une circonstance particulière met de l'intérêt à connoître la position de *Decelia*, sur la route d'Athènes à Chalcis en Eubée. L'Attique

fort retrecie entre deux mers, se termine au promontoire *Sunium*, que des
colonnes encore debout d'un temple de
Minerve Suniade font nommer Capo
Colonni. Il n'est séparé vers le levant
que par un canal étroit d'une isle longue,
nommée par cette raison *Macris*, autrement *Helenæ*, & qui conserve le nom de
Macro-nisi. Mais, il ne faut point quitter l'Attique sans parler de *Megara*. Son
district appelé *Megaris*, séparé d'Eleusis
par une croupe de montagne, se prolon-
geoit vers l'Isthme. La ville conserve son
nom, un peu à l'écart du rivage de la
mer, où elle avoit un port, nommé
Nysæa.

Eubæa, l'Eubée, couvrant la Béotie
& l'Attique, dont elle n'est séparée que
par un canal de mer assez retrecci dans
un endroit pour souffrir d'être couvert
d'un pont, veut être comprise dans notre
objet actuel. *Chalcis* étoit la ville principale de cette grande isle, & une des
trois dont la possession, selon qu'en ju-

geoit un roi de Macédoine , pouvoit donner des chaînes à la Grèce. Située sur l'*Euripus*, où sous les arches d'un pont , qui donne passage dans le continent de la Béotie , se fait un mouvement de marée aussi régulier qu'extraordinaire, cette ville en tire aujourd'hui le nom d'Egripo , par une altération de celui qui chez les Grecs modernes se prononçoit Evripo ; & de ce nom d'Egripo l'ignorance des gens de mer a fait celui de Negrepont , qui déshonore en quelque manière les cartes où il se trouve. *Eretria* ne le cédoit en Eubée qu'à Chalcis : elle en étoit peu distante sur le même rivage , & un lieu que les Grecs d'aujourd'hui appellent Gravalinais , pourroit y répondre. Dans la partie la plus reculée vers le nord , vis-à-vis de l'entrée du Golfe Pélasgique , *Oreus* , autrement *Iftiæa* d'un nom primitif, étoit une place de considération , & le nom d'Orio subsiste encore sur le lieu. On reconnoît pareillement *Ædepsus* dans le nom de Dipso. A l'extrémité méridionale de l'Eubée, *Carystus*, dont le marbre étoit estimé, conserve le nom de Caristo. L'antiquité parle du *Caphareum promontorium*, qui en même hauteur regarde la Mer Egée, comme d'un endroit périlleux pour la navigation.

PELOPONNESUS.

Le Péloponnèse tiroit son nom de Pélops, fils de Tantale roi de Phrygie, avec l'addition d'un terme Grec, qui désigneroit cette terre comme étant une isle, quoiqu'un terrein resserré, ou un isthme, pour s'exprimer également en Grec, en fasse une péninsule ou presqu'isle adhérante au continent. Sa figure fort échancrée par plusieurs golfes, l'a fait comparer à une feuille, & c'est d'après celle du meurier que le nom de Morée lui est donné. Six contrées différentes partageoient entre elles le Péloponnèse : *Achaïa*, *Argolis*, *Laconia*, *Messenia*,

senia, *Elis*, rangées successivement sur
la mer dans la circonférence du pays, &
Arcadia qui en occupoit l'intérieur. Un
détail de rivières & de montagnes est
réservé à la description particulière de
ces contrées. On peut néanmoins citer
d'avance deux fleuves principaux, *Al-
pheus* & *Eurotas* ; le premier prenant sa
source en Arcadie sur les confins de la
Laconie, & quittant l'Arcadie pour traverser l'Elide ; le second ayant son cours
renfermé dans l'étendue de la Laconie,
où il porte actuellement le nom de Va-
sili-potamo, ou de fleuve royal. Pour ce
qui concerne différens golfes aux environs du Péloponnèse, sa partie septen-
tentrionale borde le *Sinus Corinthiacus* ;
le *Saronicus* s'ouvre entre l'Argolide &
l'Attique ; l'*Argolicus* lui succede entre
l'Argolide & la Laconie ; le *Laconicus*
& le *Messeniacus* creusent ensuite l'un
après l'autre, & séparés par un grand
promontoire, la partie méridionale ; qui

M

étant suivie de l'occidentale, celle-ci
regarde la Mer Ionienne.

Achaia, l'Achaïe, est une bande de
terre, qui le long du Golfe Corinthiaque remplit le nord du Péloponnèse depuis l'Isthme, en y comprenant les districts de Corinthe & de Sicyone, qui
ont leurs noms particuliers de *Corinthia*
& de *Sicyonia*. Il est remarquable, que
ce fut sous le nom des Achéens, qu'environ cent cinquante ans avant l'Ere
chrétienne, la Grèce eut à combattre
contre les Romains pour sa liberté. D'où
il est arrivé, que c'est sous le nom d'*A-
chaia*, que la Grèce conquise alors devint une province Romaine, & le nom
de *Græcia* ne paroît point entre ceux
des provinces que cite la Notice de l'Empire. L'Isthme, qui donne entrée dans
le Péloponnèse, est aujourd'hui appelé
Hexa-mili, par une évaluation de sa largeur à six milles, d'après le mille grec
moderne, plus court que n'étoit le mille

romain. Un lieu appelé *Isthmus*, étoit
destiné à la célébration des jeux appelés
Isthmiques, & qui dans ce lieu resserré
par deux mers, étoient consacrés à Neptune. *Corinthus*, ville très-puissante,
dont la situation au débouché de l'Isthme
pouvoit faire une des entraves de la
Grèce, & qui avoit deux ports peu éloignés, *Lechæum* sur le Golfe Corinthiaque, *Cenchreæ* sur le Saronique, une citadelle sur la pointe d'une montagne,
& nommée par cette raison *Acro-Corin-
thus*, fut redevable à César d'être rétablie, après avoir été détruite de fond
en comble dans la guerre des Romains
contre la ligue Achéenne. Quelques habitations dans l'emplacement qu'elle occupoit, sont vulgairement appelés Corito.
Sicyon, qui avoit eu des rois dans un
tems très-reculé, a pris le nom de Ba-
silico. Dans l'intérieur de la Sicyonie,
que traverse un fleuve nommé *Asopus*,
Phlius est une ville à citer, & son nom
paroît encore avec la préposition de lieu

M ij

dans la dénomination actuelle de Sta-Phlica. *Pellene* écartée de la mer, sort de ce district; & après avoir fait mention d'*Ægira*, nous passerons à *Ægium*, où se tenoient les états de l'Achaïe, & qu'on croit remplacé par Vostitza sur le bord du golfe. *Patræ* subsiste sous le nom de Patras; & le nom de Triti fait connoître la position de *Tritæa*, dans le fond du pays. *Dyme* étoit la dernière ville d'Achaïe sur le golfe, que termine le promontoire *Araxum*, aujourd'hui appelé Papa.

La contrée du nom d'*Argolis* tiroit ce nom de la ville d'*Argos*, une des plus renommées de la Grèce, & il existe encore un lieu auquel le nom d'Argo est resté. Son petit fleuve, qui du nom du plus ancien des rois du pays étoit appelé *Inachus*, se perd dans un marécage près de la mer. *Mycenæ* devenue après Argos la résidence des rois, fut celle d'Agamemnon. *Tyrins* avoit servi de demeure à d'autres princes, & sa situation singulière & profonde entre des montagnes, dont l'entrée est une gorge étroite que traverse le lit d'un torrent, se trouve exprimée par le nom de Vathia, que ce lieu porte aujourd'hui. Il faut faire mention de *Nemea*, sur les confins de la Corinthie. *Nauplia*, est aujourd'hui une place de considération, que l'usage est d'appeler Napoli, au lieu de Napli, avec le surnom de Romanie, & qui communique aujourd'hui son nom au golfe Argolique, dans le fond duquel cette place est située sur une langue de terre. A cette hauteur sur le rivage opposé, on retrouve dans un étang appelé Molini le lac *Lerna*, que son hydre a rendu fameux, comme un lion tué de même par Hercule fait parler de Nemée. *Epidaurus*, sur le Golfe Saronique, & qu'un culte particulier rendu à Esculape distinguoit, conserve son nom sous la forme de Pidavra. *Ægina* est directement vis-à-vis, & peu distante du continent de l'Argolide ; & on voit dans l'histoire les

Eginetes être puissans par leur marine. L'altération du nom a fait celui d'Engia, par lequel le Golfe Saronique est aussi désigné. Un lieu nommé Damala a pris la place de *Trazen*, & des restes d'*Hermione* s'appellent Castri. Le *Scyllæum promontorium*, qui est la pointe du Péloponnèse la plus avancée vers le levant, & faisant face au *Sunium* de l'Attique, conserve le nom de Skilleo.

Le pays des Lacons, *Laconia*, succede à l'Argolide. Son nom sous l'Empire Grec a pris la forme de Tzaconia, & on ne devroit point voir dans des cartes le nom de Sacanie en pleine Argolide. On sçait combien les loix de Sparte, & la valeur des Spartiates distinguoient la nation dans la Grèce. On sçait encore, que les noms de *Lacedæmon* & de *Sparta* étoient communs à la même ville. Le fleuve *Eurotas* l'enveloppoit en forme de péninsule, & le lieu qu'occupoit cette ville est appelé Paleo-chori, ou le vieux bourg. La ville nouvelle sous le nom de Mifitra, que l'on a tort de confondre avec Sparte, en eft écartée vers le couchant. Le culte d'Apollon donnoit quelque luftre à *Amyclæ*, peu loin de Sparte vers le midi. En fe portant fur la côte du Golfe Argolique, le lieu plus remarquable eft *Epidaurus* avec le furnom de *Limera*, dont l'emplacement eft aujourd'hui appelé Malvafiavecchia, comme étant voifin de Napoli de Malvafie, place forte fur un monticule ifolé. Le promontoire *Malea*, qui termine cette côte, conferve le nom de Malio, quoiqu'autrement appelé Sant-Angelo. *Cythera*, aujourd'hui Cerigo, cette ifle que l'on fçait avoir été confacrée particulièrement à Vénus, eft peu loin de ce promontoire. Dans l'enfoncement du Golfe Laconique, *Gythium*, dont le nom fe fait difcerner dans celui de Colo-Kytia, actuellement en ufage, & communiqué en même tems au golfe, fervoit de port à la ville de Sparte. Le *Tænarium promontorium*, qui eft la terre du Péloponnèse la plus avancée vers le midi, se nomme aujourd'hui Matapan, du mot Grec *Metopon* qui signifie Front. Il est couvert d'une grande montagne, dont le nom étoit *Taygetus*, & qui prolongée vers le nord se joint aux montagnes de l'Arcadie. Elle est habitée par une nation particulière, qui tire son nom de Maïnote d'un château nommé Maïna, situé sur le penchant qui regarde le couchant, mais dont il ne convient point d'étendre le nom, comme dans les cartes, à toute la Laconie. Des places, la plupart maritimes, ayant été distraites du gouvernement de Lacédémone par Auguste, cet affranchissement fit la distinction de ce qu'on appela *Eleuthero-Lacones*, ou Lacons libres.

La Messénie couvre le fond du golfe, qui du nom de *Messenia* étoit appelé *Messeniacus*, & au dehors de ce golfe elle borde la Mer Ionienne. Le fleuve *Pamisus*, dont il est parlé comme étant plus considérable, que la longueur de son cours n'en feroit juger, est reçu dans le golfe vers le milieu de son enfoncement. *Messene*, qui donnoit le nom au pays, étoit reculée dans les terres vers la frontière de l'Arcadie. Ses vestiges sont appelés dans le pays Mavra-matia, ou les yeux noirs, selon la signification qu'on y attache ; & le mont *Ithome*, qui lui servoit de citadelle, est nommé Vulcano. *Stenyclarus* se rapporte à un lieu, dont le nom est Nisi. *Corone* conserve celui qui lui est propre. Au-delà du promontoire *Acritas*, aujourd'hui capo Gallo, qui ferme le golfe, les isles *Œnussæ* sont Sapienza & Cabrera, à la vue de *Methone*, ou de Modon. *Pylus* prend la position de Navarin. Mais, la ville de même nom dans Thucydide, & dont le port étoit couvert par une petite isle, nommée *Sphacteria*, dans laquelle une troupe de Spartiates fut enveloppée par les Athéniens, ne convient point à cette position, comme elle convient à celle dont le nom actuel est Zonchio, autrement Avarino vecchio, & celui-ci paroît dérivé d'*Erana*, dont il est mention dans l'antiquité. *Cypariſſus* répond au lieu qui aujourd'hui est appelé l'Arcadia ; & la mer y creuſant le rivage, cet enfoncement aſſez marqué étoit appelé *Cypariſſius ſinus*. L'embouchure du fleuve *Neda*, dont la ſource est en Arcadie, termine la Meſſénie. Vers les bords de ce fleuve, la fortereſſe d'*Ira*, qui fut le dernier rempart où tinrent les Meſſéniens contre leurs ennemis déclarés les Lacédémoniens, ne veut point être oubliée ici.

Elis, l'Elide, couchée le long de la Mer Ionienne juſqu'aux frontières de l'Achaïe, est limitrophe de l'Arcadie vers l'orient. Sa partie méridionale, contiguë à la Meſſénie, étoit diſtinguée par le nom de *Triphylia*, & dans ce canton étoit un lieu du nom de *Pylus*, qui diſputoit à celui de la Meſſénie l'honneur d'avoir appartenu au vieux Neſtor, qui joue un rôle dans l'Iliade, l'antiquité elle-même n'étant point décidée sur cet article. *Olympia*, dont le nom est si distingué par les plus célèbres des jeux qui fussent donnés dans la Grèce, bordoit la rive gauche de l'Alphée, à quelque distance de son embouchure ; & *Pisa* lui étoit opposée sur l'autre rive. On n'imagine peut-être pas, qu'on soit incertain sur la correspondance du lieu qu'on auroit une grande curiosité de connoître, & que d'y rapporter celui dont on trouve le nom sous la forme de Rofeo, par altération d'Alfeo, n'est qu'une simple présomption. *Elis*, qui donnoit le nom à cette partie du Péloponnèse, & décorée de la prérogative de présider aux jeux Olympiques, étoit située dans le canton de l'Elide le plus spacieux, sur un fleuve de même nom que le Pénée de la Thessalie, sans lui être comparable en grandeur. On croit qu'un lieu nommé Gastouni tient la place de cette ville. Il y avoit encore un lieu du nom de *Pylus*, plus avant dans le pays que n'étoit Elis. Mais sur la mer, dont Elis étoit écartée, *Cyllene*, aujourd'hui lieu inhabité sous le nom de Chiarenza, étoit le port des Eléens. Un promontoire nommé *Chelonites*, & actuellement Cap Tornèse, est la pointe du Péloponnèse la plus avancée vers le couchant, & qu'un canal de mer sépare de *Zacynthus*, ou de l'isle de Zante. Deux écueils plutôt que des isles au midi de Zante, sont les *Strophades*, que les poëtes ont fait habiter par les harpyes, & dont le nom actuel est Srrivali.

Il nous reste à parler de la contrée, qui sous le nom d'*Arcadia* n'ayant aucune communication avec la mer, tenoit par quelque endroit de ses limites à chacune des autres parties du Péloponnèse. La nature du pays environné de montagnes, & propre à nourrir du bétail, avoit déterminé le peuple à la vie pastorale, plutôt qu'à un autre genre de vie, & les bergers de l'Arcadie, & du mont *Mænalus* en particulier, sont célébrés par les poëtes. En entrant dans ce pays par le côté de l'Argolide, *Mantinea* étoit la première ville qui se présentât, & une victoire qu'Epaminondas remporta sur les Lacédémoniens en y perdant la vie, a illustré cette ville. On estime qu'elle est remplacée par celle de Trapolizza ; & on conjecture que *Tegea*, qui figuroit sur la même frontière, pourroit se rapporter à un lieu nommé Moklia. Au nord de Mantinée, il faut citer une ville du même nom d'*Orchomenus* que celle de Béotie, & le lac *Stymphalus*. En s'approchant de la frontière d'Achaïe, & du mont *Cyllene*, où l'on vouloit que Mercure eût pris naissance, *Pheneos* se fait reconnoître par le nom de Phonia. Le *Ladon*, & sur les limites de l'Elide *Erymanthus*, sont des fleuves que reçoit l'Alphée. *Heræa* sur le bord de ce fleuve, étoit voisine de ces limites. Un lieu dont le nom est Garitena, paroît indiquer la position de *Gortys*. *Megalopolis*, ou la grande ville, construite par le conseil

d'Epaminondas fur la frontière de Laconie, pour fervir de boulevard à l'Arcadie, & près d'un fleuve nommé *He-
liffon*, qui va joindre l'Alphée, répond
à ce que l'on croit au lieu moderne de
Leondari. Nous terminerons cet article
de l'Arcadie, en faifant mention du *Ly-
cæus* comme d'une des principales montagnes du pays, ayant au pied une ville
nommée *Lycofura*, limitrophe de la Mef-
fénie.

CRETA, et CYCLADES.

L'ifle de Crete, que rien ne pouvoit
rendre plus confidérable dans l'antiquité
que d'avoir donné la naiffance à Jupiter,
conferve fon nom fous la forme d'Icriti,
felon que le prononcent les Turcs; &
l'application du nom de la capitale,
qui eft Candie, à l'ifle même, paroît
venir de l'ufage qu'en ont fait les Italiens. Cette ifle s'étend en longueur d'occident en orient, formant deux pro-

montoires , d'un côté *Criu-metopon* , ce
qui fignifie front de bélier , aujourd'hui
fimplement Crio , de l'autre , *Samonium* ,
vulgairement Salamone. Un autre promontoire qui s'avance vers le nord , &
appelé Spada , fe nommoit autrefois *Ci-*
marus. Entre les montagnes qui règnent
dans la longueur de l'ifle , *Ida* , où l'on
vouloit que Jupiter eût été nourri dans
fon enfance , s'éleve au centre du pays.
Cnoffus , *Gortyna* , *Cydonia* , étoient trois
villes dominantes en Crete. La première,
à quelque diftance du rivage feptentrio-
nal de l'ifle , & qu'on difoit avoir fervi
de réfidence à Minos, n'a point laiffé
de veftiges que l'on connoiffe. Candie
moins reculée vers l'orient que n'étoit
Cnoffus , eft une ville nouvelle , qui a
commencé par être un pofte de Sarazins
dans le neuvième fiècle. Les ruines de
Gortyna font connues , en s'éloignant de
Candie vers le midi , fur un petit fleuve
qui étoit nommé *Lethæus* , dans la diftance convenable à l'égard des ports que

cette ville avoit ſur la côte méridionale.
Des routes ſouterraines dans un lieu des
environs, ſemblent repréſenter un Dæ-
dale ou Labyrinthe, qu'on eſt curieux
de retrouver dans ce pays. La Canée,
qui eſt une des villes principales de l'iſle,
a remplacé *Cydonia*, où devoit être ſon
port ſous le nom de *Minoa*. *Ciſamus*,
qui conſerve le nom de Kiſamo ſur le
côté du Cap Spada, ſervoit de port à
une ville nommée *Aptera* ; & une autre
ville nommée *Polyrrhenia*, nous eſt indi-
quée comme étant au couchant de Cy-
donie. *Amphimalia* eſt un golfe, ſur un
des côtés duquel eſt la fortereſſe iſolée
nommée la Suda. La poſition actuelle de
Retimo, ſur le même rivage ſeptentrional, nous donne celle de *Rhitymnæ*.
Il faut faire mention de *Lyctos*, une des
principales villes du pays, dans la partie
orientale, & dont on découvre le nom
en celui de Laſſiti. Ecartée dans les terres,
ſon port de *Cherroneſus* convient à ce
qu'on nomme Spina-longa, quoique le

nom de Cherronesi soit aujourd'hui transporté au Porto Tigani. *Hiera-pytna*, où
la largeur de l'isle rétressie par les deux
mers n'est que de 60 stades, subsiste sous
le nom vulgaire de Girapetra. Il y a
quelques isles aux environs de Crète ;
Dium, à la bande septentrionale, aujourd'hui Stan-dia ; *Gaulos* vers le sud,
ou Gozo de Candie, comme il y a un
Goze de Malte. La petite isle d'*Ægilia*,
dans le canal qui sépare Cythère ou Cé-
rigo d'avec Crète, a pris le nom de Cé-
rigotto.

On a dit, que les isles appelées *Cyclades* du terme grec *Kuclos*, devoient
ce nom à ce qu'elles entourent Délos,
quoiqu'il fût plus convenable de dire,
qu'elles sont ramassées entre elles, dans
une même partie de la Mer Egée adjacente à la Grèce. Il est à propos d'ajouter à cette remarque, que le nom d'Ar-
chipel, comme on appelle aujourd'hui
cette mer, n'est autre chose qu'une altération de celui d'Egio-pelago, selon

la forme du Grec moderne, bien loin
d'être une expreſſion de préférence ſur
quelque autre mer. Après avoir doublé
en y entrant le promontoire Malée du
Péloponnèſe, la première iſle qui ſe préſente, & conſidérable entre les Cyclades, eſt *Melos*, ou Milo. *Cimolus*, qui
eſt adjacente, a pris le nom de l'Argen-
tière, quoique celui de Kimoli ſoit encore connu. *Siphnus* eſt Siphanto, *Seri-
phus*, Serpho, *Cythnus* a changé ce nom
pour celui de Thermia. *Ceos*, aujourd'hui
Zia, eſt voiſine du promontoire Sunium,
& plus conſidérable que les trois précédentes. *Andros* s'allonge vers l'extrémité
méridionale de l'Eubée ; & *Tenos*, ou
Tine comme on dit aujourd'hui, n'eſt
ſéparée d'une pointe d'Andro que par
un canal étroit, ayant ſur le côté *Syros*,
ou Syra. Parlons maintenant de la fameuſe *Delos*, que l'opinion d'avoir vu
naître de Latone, Apollon & Diane,
avoit mis en ſi grande conſidération,
que le reſpect pour ce lieu en fit pen-

dant un tems le dépôt sacré des richeſſes que la Grèce mettoit en réſerve, avec la jouiſſance de toute immunité à l'égard du commerce. C'eſt un petit morceau de terre, d'environ trois milles en longueur, moins d'un mille en largeur, qui ne montre aujourd'hui que des ruines; & en y joignant *Rhenea*, qui en eſt très-proche ſur un côté, ces deux iſles ſont appelées *Sdili. Myconus*, Myconi, eſt voiſine de Délos d'un autre côté, ou celui du levant. De-là en tirant au midi, *Naxos*, la plus grande des Cyclades, fertile en vins, & où Bacchus étoit honoré d'un culte particulier, s'appelle Naxia. *Paros*, dont le marbre blanc étoit fort eſtimé, en eſt proche vers le couchant, & une iſle adjacente qu'on appelle Anti-Paro, ſe nommoit *Oïarus*. *Amorgus* garde le nom d'Amorgo. Le nom d'*Ios* ſe prononce Nio, *Sicinus* & *Pholegandrus*, Sikino & Policandro, ſont peu de choſe. *Thera* s'eſt illuſtrée par la fondation de Cyrene dans la Libye. Un volcan a fort endommagé cette isle, que l'on nomme Santorin. *Anaphe* est Nanphio. Enfin, *Astypalæa*, Stanpalie, peut être rangée entre les Cyclades, comme la plus écartée vers le levant. Les Sporades qui sont au-delà, appartiennent à l'Asie, & n'entrent point dans notre objet actuel. Mais, il ne faut point omettre une isle écartée des précédentes, & par le travers de l'Eubée, *Scyros*, que l'exil de Thésée, & le séjour d'Achille ont illustrée, & à laquelle le nom de Skiro est demeuré. Nous remettons à parler de *Lemnos*, comme étant plus reculée, & à la hauteur de la Troade, qu'il soit question de cette partie d'un autre continent.

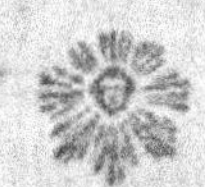

VIII.

THRACIA

ET

MŒSIA.

DACIA.

THRACIA.

LA première des contrées que nous rassemblons dans cette section, la Thrace, s'étend depuis la frontière de la Macédoine, & le long de la Mer Egée & de la Propontide, jusqu'au Pont-Euxin ; & le mont *Hæmus* vers le nord la sépare d'avec la Mœsie. Il en est parlé dans l'antiquité comme d'un pays sauvage, qui n'est fertile que dans les endroits voisins de la mer, habité par des nations adon-

nées au brigandage, & d'un naturel répondant aux circonstances du local. Le
mont *Rhodope* l'enveloppe vers le couchant, comme l'*Hæmus* vers le nord, &
une branche de celui ci, s'étend jufqu'au point d'approcher du Bofphore.
Un grand fleuve forti des vallée qui font
entre l'Hæmus & le Rhodope, *Hebrus*,
qui a pris le nom de Mariza, vient tomber dans la Mer Egée, après avoir reçu
un grand nombre de rivières qui ont
leur cours dans la même étendue de pays.
On voit la Thrace partagée entre plufieurs rois, avant la domination Romaine, & elle n'eft point devenue province
de l'Empire avant le règne de Claude.
Dans la multiplication que le fiècle de
Dioclétien & de Conftantin apporta à
l'égard des provinces, la Thrace en forma plufieurs. Ce qui borde la Propontide fut appelé *Europa*, comme étant
l'entrée de l'Europe vis-à-vis de la terre
d'Afie, qui n'en eft féparée que par le
canal étroit du Bofphore. *Hæmi-montus*

fut le nom d'une autre province, qui descendoit jufque fur l'Hebre. *Rhodope* bordoit la Mer Egée; & le nom de *Thracia* fut réfervé à une portion de pays vers les fources de l'Hebre. C'est improprement que le nom de Romanie paroît affecté à la Thrace dans les cartes. Roumiíli, ou Roum-Vilaïet, dans l'état actuel des chofes, n'eft point une dénomination de contrée qui foit particulière à la Thrace; elle eft propre également à la Grèce.

Après ce préliminaire, fi l'on part des limites de la Macédoine pour entrer dans le détail du pays, le fleuve *Neftus* ou *Meftus*, qui conferve le nom de Mefto, & *Abdera*, la patrie du philofophe Démocrite, fe préfentent d'abord. Une ville de *Nicopolis*, bâtie par Trajan, & en remontant le Neftus, conferve le même nom. Ce canton de la Thrace étoit occupé par une nation, qui de fon nom le faifoit diftinguer par celui de *Mædica*, ayant pour capitale une ville nommée *Iamphorina*, qui n'est point connue. A l'issue d'un lac dans la mer, *Topiris*, avec le prénom d'*Ulpia* qu'elle devoit au même empereur, prend la place d'un lieu nommé Bourun. Plusieurs positions le long de la côte, *Maronea*, *Mesembria*, *Sarrum*, & sur l'une des deux embouchures de l'Hebre *Ænos*, se font connoître par les noms qui subsistent, Marogna, Misevria, Castro-Saros, Eno. A l'écart de la mer, nous ferons mention de *Scapta-hyla*, où Thucydide qui y posséda des mines d'or du chef de sa femme, écrivit son histoire, & dont on reconnoît encore le nom dans Skipsilar. *Cypsela*, en remontant de la mer par l'Hebre, garde le même nom. *Cardia*, située vers le fond d'un golfe, qui resserre l'un des côtés de la Chersonèse dont nous allons parler, fut détruite par Lysimaque, un des successeurs d'Alexandre, lors de la fondation d'une nouvelle ville sous le nom de *Lysimachia*, à l'entrée

trée précisément de cette Cherſonèſe.
L'évaluation de la largeur de cette entrée
ſur le pied de ſix milles, a fait appeler
la même ville *Hexa-milium*, & le nom
d'Hexamili ſubſiſte encore ſur le lieu. La
péninſule que cette ſituation faiſoit appeler *Cherſoneſus*, ayant d'un côté le golfe
appelé *Melanes*, fait d'un autre côté le
bord de l'Helleſpont, ou du Détroit des
Dardanelles comme on dit aujourd'hui.
Sur ce détroit *Gallipolis* ſe diſtingue ſous
ſon nom de Gallipoli. Mais peu au-delà,
un petit courant d'eau eſt l'*Ægos pota-
mos*, ou la rivière de la chevre, qu'un
événement qui ruina les affaires d'Athènes, & mit fin à la guerre du Péloponn-
nèſe, après plus de vingt ans qu'elle avoit
duré, rend mémorable. *Seſtus*, qui étoit
au paſſage le plus fréquenté de l'Helleſpont, n'exiſte plus que dans un lieu en
ruine, nommé Zemenic, qui fut le premier dont les Turcs s'emparèrent, en
paſſant d'Aſie en Europe ſous leur Sul-
tan Orkhan, vers l'an 1356. C'eſt ici le

N

lieu de remarquer, qu'à la hauteur qu'occupe la Chersonèse, sont deux isles de peu d'étendue dans la Mer Egée, *Samothrace*, & *Imbros*, qui ont conservé les noms de Samothraki & d'Imbro. La première est célèbre dans l'antiquité, comme une terre sacrée, & un asile inviolable.

Pour continuer d'aller en avant, & le long de la mer qui s'élargit à la suite de l'Hellespont, il faut dire que cette mer étoit appelée *Pro-pontis*, parce qu'elle devance une autre mer, le *Pontus-Euxinus*. Une isle qu'elle renferme, mais plus voisine des terres de l'Asie que de celles de l'Europe, & dont le nom actuel est Marmara, communique aujourd'hui ce nom à la Propontide, qui est aussi appelée la Mer Blanche, par opposition au nom de Mer Noire donné au Pont-Euxin. Entre les principaux lieux situés sur ses bords, *Ganos*, le premier qui se présente, conserve son nom. Mais, une croupe de montagne qui s'éleve dans les environs, & qui portoit

le même nom , est appelée Tekkiur-dag ,
ou montagne du prince , & chez les
Turcs ce terme de Tekkiur a désigné
les Empereurs de Constantinople. *Bi-
santhe* ayant aussi pris le nom de *Rhæ-
destus* , la position de Rodosto nous l'indique. La plus considérable de ces villes
maritimes étoit *Perinthus* , élevée en forme de théatre dans une péninsule , &
dont le nom d'*Heraclea* postérieur à l'autre , subsiste en celui d'Erekli dans l'emplacement de cette ville , aujourd'hui
ruinée. Byzance devenue Constantinople
a fait l'anéantissement d'Héraclée , dont
le siége jouit toutefois de la prérogative
de métropolitain dans la province distinguée en Thrace par le nom d'*Europa*.
Selymbria garde le nom de Sélivria ; &
parce que la même terminaison de *bria*
se trouve attachée à d'autres noms , il
est à propos de dire que dans la langue
des Thraces, elle désignoit une ville. *By-
zantium* occupoit une pointe de terre ,
serrée entre la Propontide , & une

longue manche, qui forme un des meilleurs ports que l'on connoisse, & qui a été nommé *Chryso-ceras*, ou corne d'or. A cette pointe, qui regarde l'Asie, commence un canal appelé *Bos-porus*, ce qui signifie proprement passage de bœuf, ouvrant une communication entre la Propontide & le Pont Euxin; & ce Bosphore étoit surnommé *Thracius*, pour le distinguer d'un autre Bosphore, ou du Cimmérien. Le choix que fit Constantin d'une situation aussi avantageuse que celle de Byzance, pour construire dans l'Empire une nouvelle Rome, qui prit le nom de *Constantinopolis*, n'est en général ignoré de personne. Ce fut en prenant du terrein, le long de la Propontide & du port, & en affectant de couvrir sept collines, comme l'emplacement de Rome les renfermoit, que Constantinople s'étendit fort au-delà de l'ancienne Byzance, dont l'enceinte fut néanmoins conservée, comme elle sépare encore le sérail du Grand-Seigneur d'avec la ville. Le nom de Stamboul, que l'ufage a établi en Turquie, n'eft point une altération du nom de Conftantinople, & vient de l'expreffion grèque *eis-ten-Polin*, où le terme générique de *Polis* eft précédé de la prépofition de lieu, comme on di- roit à la ville, par excellence. Le rivage du Bofphore, ou canal de Conftanti- nople, du côté de l'Europe, fe termine près de quelques rochers ifolés, qui font appelés des ifles avec le nom de *Cyaneæ* dans l'antiquité.

Cette extrémité de l'Europe dans l'é- tendue de la Thrace, & refferrée entre deux mers, a été fermée d'un long mur, *Macron-tichos*, commençant un peu au- delà d'Héraclée, & finiffant fur le bord de l'Euxin près d'un lieu nommé *Dercon*, ou Derkous. Conftruit par l'empereur Anaftafe, au commencement du fixième fiècle, les environs de Conftantinople n'en furent pas toujours bien défendus contre les incurfions affez fréquentes de plufieurs nations étrangères, & il n'en reſte que des veſtiges. A quelque diſtance de la mer, pour tendre vers l'intérieur du pays, *Turullus*, ou comme on lit dans les écrivains Byzantins *Tzorolus*, conſerve ſa poſition & ſon nom dans Tchourli. Un fleuve nommé *Agrianes*, aujourd'hui Ergène, nous conduit à l'Hebre, ſur lequel la ville de *Didymo-tichos*, dont le nom indiqueroit un double rempart, exiſte ſous celui de Dimotuc, qui en dérive évidemment. *Trajanopolis* ſituée plus bas, a tenu le rang de métropole dans la province appelée *Rhodope*, & on l'admet dans les cartes comme exiſtante ſous le même nom, quoiqu'elle ait ſouffert la tranſlation de ſon ſiége à Maronea. Dans l'endroit où l'Hebre change la première direction de ſon cours, qui eſt plus vers l'orient qu'autrement, pour deſcendre enſuite vers le midi, *Hadrianopolis* avoit primitivement porté le nom d'*Oreſtias*, que les auteurs Byzantins employent fréquemment en parlant de cette ville. Les trois

fleuves, par lesquels on prétendoit qu'O-
reste souillé du meurtre de sa mere s'étoit
purifié, au rapport de quelques historiens, & entre lesquels étoit l'Hebre,
se font connoître, *Ardiscus* d'un côté, &
Tonzus de l'autre, aujourd'hui Arda &
Tonza, se joignant au fleuve à Andri-
nople même. Cette ville eut la prérogative de métropolitaine dans la province
appelée *Hæmimontus.* La nation des *Odry-
siæ*, une des plus considérables de la
Thrace, occupoit les environs. On sçait
qu'elle a servi de résidence à des Otto-
mans avant la prise de Constantinople,
& son nom chez les Turcs est Hedrine.
En remontant vers les sources de l'Hebre, & peu loin du pied du mont Hæmus, *Philippopolis*, dont on rapporte le
nom à Philippe pere d'Alexandre, &
que sa situation entre des collines faisoit
aussi appeler *Tri-montium*, conserve le
nom de Philippopoli, ou de Philiba, comme disent les Turcs. Elle fut métropole
dans la province distinguée par le nom

de *Thracia*. C'étoit le canton des *Besse*, dont on a dit que la férocité surpassoit la rigueur du climat (*). On retrouve leur nom dans celui de *Bessapara*, sur une voie romaine, peu loin de Philippopolis, & ce lieu est encore connu sur ce passage sous le nom de Tzapar Bazardgik, ou marché de Tzapar. La contrée appelée *Bessica* avoit une ville principale nommée *Uscudama*, & elle paroît aujourd'hui sous le nom de Statimaka, à quelque distance vers le midi à l'égard de Philippopoli.

Il nous reste une partie de la Thrace adjacente au Pont Euxin. En tournant de ce côté-là, il faut citer *Berœa*, ou *Beroe*, sur les confins de la Mœsie dans la province de Thrace proprement dite, & on lit que rétablie par l'impératrice Irène, cette ville en prit le nom. Un lieu de ce canton, nommé Eski-Zadra pourroit la représenter, comme le terme d'Eski en Turc paroît propre à indiquer

(*) *Sud Bessi nive duriores.* Paulin de Nole.

d'autres villes anciennes. *Cabyla* eſt plus
reculée, & un acte de ſouveraineté, en
y reléguant des criminels, témoigne que
Philippe pere d'Alexandre, avoit étendu juſque-là ſa domination. L'*Hæmus*
en couvrant le nord de la Thrace, ne
termine ſa longue chaîne qu'en pouſſant
un promontoire en grande ſaillie dans
la mer; & de même que dans l'antiquité, ce promontoire eſt appelé *Hæmi-
extrema*, aujourd'hui c'eſt Emineh-bou-
run. L'ancienne dénomination de l'*Hæmus mons* eſt aſſez évidente dans celle
d'Emineh-dag, ſelon l'uſage qu'on en
fait dans un pays dominé par les Turcs.
Sur un golfe qui ſuccède à ce promontoire, *Meſembria* & *Anchialus* ſe font
connoître par les noms exiſtans de Mi-
ſevria & d'Akkiali. *Apollonia*, plus en-
foncée dans ce golfe, paroît avoir changé ce nom dans un tems poſtérieur pour
celui de Sozopolis, que l'on prononce
actuellement Sizeboli. *Debeltus*, près
d'un lac à quelque diſtance de la mer,

a pris des Bulgares , qu'un empereur Grec avoit mis en possession de cette ville , le nom de Zagora. En rangeant la côte vers le midi ; *Thynias* , aujourd'hui Tiniada , sur une pointe avancée en mer , est un nom de lieu remarquable , comme étant dérivé de celui des *Thyni* , qui sortis de la Thrace ont donné le nom à la Bithynie. Il faut dire que *Bizya* , la résidence de Thérée , regnant en Thrace dans les premiers tems , & connu dans la métamorphose , existe comme un lieu de quelque considération , sans avoir changé de nom. *Salmydessus* , ville & rivage , selon qu'il en est parlé dans l'antiquité , conserve un reste de son nom dans Midjeh. Cette partie maritime , où en revenant vers le Bosphore , nous terminerons ce qui concerne la Thrace , tiroit d'une nation nommée *Astæ* , le nom d'*Astica*.

MŒSIA.

NOUS comprenons sous le nom de *Mœsia* ce qu'il y a de pays depuis les limites de la Macédoine & de la Thrace, jusqu'aux rives de l'Ister, ou du Danube ; & ce qui s'étend en longueur d'occident en orient, depuis la Pannonie & l'Illyricum jusqu'au Pont-Euxin. Il est à remarquer, que le nom du pays & de la nation se trouve aussi écrit *Mysia* & *Mysi*, de même qu'il se lit d'une province de l'Asie au midi de la Propontide, & de son peuple, que l'on croyoit être originaire de la Mœsie dont il s'agit actuellement. Ce pays répond en général à ce que nous appelons Servie & Bulgarie. Il est coupé par des rivières qui ont leurs sources dans les montagnes, dont la chaîne sans interruption va joindre l'*Hæmus*, & ces rivières descendent dans 'Ister. Il en faut excepter *Drinus*, ou le

Drin, qui féparant aujourd'hui la Bof-
nie d'avec la Servie, fe rend dans la
Save. Le *Margus*, plus grand qu'aucune
autre rivière que renferme la Mœfie,
eft reçu près d'une ville de même nom
par l'Ifter. En remontant cette rivière,
on la trouve compofée de deux branches,
Morava de Servie fur la droite, Morava de Bulgarie fur la gauche. *Timacus*,
le Timok, vient enfuite, & après plufieurs autres qu'on peut omettre, nous
citerons *Œfcus*, ou Esker, *Utus*, ou Vid,
Ofmus, ou Ofmo, *Iatrus*, ou Iantra. Le
nom actuel du *Panyfus*, qui tombe dans
l'Euxin, n'eft point connu pour être le
même, comme on le remarque dans les
précédens. Il faut être prévenu, que le
nom d'*Ifter* devient propre au Danube
dans la partie inférieure de fon cours.
Les anciens ne s'expliquent point uni-
formement fur l'endroit qui peut faire
le partage des noms de *Danubius* & d'*Ifter*. Il paroît trop reculé vers le haut à
Vindobona, ou Vienne, beaucoup trop

bas à *Axiopolis*. Strabon l'établit à un lieu remarquable par des cataractes, dont nous ferons mention.

La Mœsie fut anciennement occupée en grande partie par les *Scordisci*, nation Celtique ; & quand on lit qu'Alexandre, dans une première expédition vers l'Ister, rencontra des Celtes ou Gaulois, c'est de ceux-ci qu'il pouvoit être question. Et quoique le nom des Scordisques fût anéanti dans le tems où la domination Romaine s'étendit dans la contrée, on remarque que plusieurs noms de lieu sur la rive de l'Ister sont purement Celtiques. Darius fils d'Hystaspe, marchant contre les Scythes, avoit trouvé sur son passage, avant que d'arriver à l'Ister, des Getes, qui étoient réputés Thraces ; & nous verrons que cette extrémité du pays sur le Pont-Euxin a porté le nom de *Scythia*. La Mœsie paroît assujettie à l'Empire Romain sous Auguste & Tibere. Son étendue en longueur sur le fleuve, qui la séparoit au nord d'avec la Dace , est divisée en supérieure & inférieure ; & une petite rivière nommée *Ciabrus* ou *Cebrus* , aujourd'hui Zibriz , au delà du *Timacus* , & en deçà de l'*Œscus* , faisoit selon Ptolémée la séparation de ces deux Mœsies. Mais , la Mœsie souffrit d'être entamée par le milieu , pour former une province sous le nom de *Dacia*. L'empereur Aurélien ne croyant pas pouvoir conserver la Dace conquise par Trajan au-delà de l'Ister , l'évacua , & ce qu'il retira de troupes & de peuple il le plaça en deçà du fleuve , voulant que cette nouvelle province s'appellât la Dace d'Aurélien. Ce que la Mœsie conserva dans sa partie supérieure fut appelé Mœsie première ; & on pourroit croire que le nom de Maszua , qui est resté à un canton au midi de la Save près de son embouchure dans l'Ister , viendroit de cette Mœsie. L'inférieure fut la Mœsie seconde. On distingua postérieurement dans la Dace la partie riveraine du fleuve sous le nom de *Ripensis*, & celle qui s'enfonce dans les terres sous le nom de *Mediterranea*, celle-ci occupant vraisemblablement une contrée limitrophe de la Macédoine, & connue d'ancienneté sous le nom de *Dardania*.

Passons à un détail de positions particulières, dont le nombre seroit grand en suivant la rive du Danube, s'il ne convenoit pas de se borner ici aux lieux principaux. La première place qui se présente, *Singidunum*, est indubitablement Belgrade, & une isle dans la Save près de cette place en conserve le nom dans celui de Singin. *Taurunum*, qu'on plaçoit à Belgrade, a trouvé sa position en deça de la Save dans la Pannonie. Une dénomination que le *Dunum* témoigne être Celtique, a été remplacée du tems du bas-Empire, par une autre tirée du langage Slavon, & qui signifie ville Blanche. Le lieu de Spenderow, que l'usage est d'appeller Smendria, &

auquel on reculoit la position précédente, convient à une autre ville, dont le
nom étoit *Aureus mons. Margus*, qui
succéde, conserve des vestiges d'antiquité sous le nom de Kastolatz, quoiqu'aujourd'hui à quelque distance au-
dessous de l'embouchure de la rivière
de même nom, par un changement arrivé au bas de son cours. *Viminacium*
devoit occuper le fond d'un coude que
décrit le fleuve, & quelques restes de
fortification s'y font remarquer. C'étoit
une place considérable, ayant le rang de
métropole dans une des provinces de
la Mœsie, qui doit être la première. Un
lieu nommé *Taliatis*, auquel répond une
position, que le nom Slavon de Gradisca
fait distinguer, comme dérivé du terme
propre à désigner une ville, étoit le dernier poste de la Mœsie première, suivie
de la Dace surnommée *Ripensis*; & il est
remarquable que le nom de Kraïn soit
donné au canton où nous rencontrons
ces limites, parce qu'il signifie précisé-

ment une frontière dans les pays où le langage Slavon s'est répandu. Une autre circonstance qu'il ne faut point omettre dans les environs du lieu où l'on se trouve ainsi porté, & avant que d'aller plus loin, c'est qu'une barre de roches traversant le lit du Danube, forme ce dont on a parlé ci-devant comme d'une cataracte, qui fait la distinction de l'emploi du nom d'*Ister* d'avec celui de *Danubius*. Dans un espace où le fleuve est très-resserré entre des montagnes, le nom de Clisura que l'on donne à cet espace, est affecté à une pareille circonstance locale dans les écrivains Byzantins.

En continuant de suivre la rive du fleuve, c'est peu au-dessous de ces lieux resserrés, que nous trouvons le pont construit par Trajan pour passer dans la Dace. Ce qu'il en reste de vestiges fait juger qu'il étoit de 20 arches; & la mesure prise entre les culées qui subsistent, donne 515 ou 520 toises, ce qui fait cinq fois la largeur que prend la Seine en arrivant à Paris, & sept fois la longueur du Pont-royal, où la Seine est plus resserrée. Nous donnons ce détail à un objet digne de curiosité. *Bononia*, qui vient ensuite, est Bidin ou Vidin, que l'on sçait être encore une place de considération. *Ratiaria* prévaloit autrefois en qualité de métropole de la Dace riveraine du fleuve, & on en reconnoît le nom dans celui d'Artzar *Œscus* à l'embouchure de la rivière de même nom, a laissé quelques vestiges que l'on nomme Igigen. Et de la manière dont il en est mention dans Ptolémée, en y ajoutant le nom des *Triballi*, cette ville paroîtroit avoir été la principale chez une grande nation établie dans la Mœsie, & Thrace d'origine. Plus bas, *Nicopolis* fut construite par Trajan, pour perpétuer la mémoire de ses victoires, & le nom subsiste sur le lieu. C'est le Nicopoli fatal à une armée Chrétienne, qui fut défaite par Bajazet I en 1393, &

dans laquelle il y avoit beaucoup de noblesse françoise. Cette Nicopolis ne doit point être confondue avec celle que distingue le surnom *ad Jatrum* : car on connoît un lieu portant le nom de Ni-cop, & situé sur l'Iantra à l'écart du Danube. *Durostorus* étoit du nombre des places principales sur le fleuve, & c'est encore un lieu assez considérable sous le nom de Dristra. Les cartes où ce nom est Silistrie, l'ont emprunté des gazettes. *Axiopolis* conserve le même nom, quoi-qu'on lui donne aussi celui de Rassovat. La position de *Carsum*, aujourd'hui Kers-cua, est remarquable par une émanation du fleuve sur la droite, formant une la-gune, dont le nom d'*Halmyris* désigne-roit une saline ; & à son issue dans la mer, une ville qui étoit nommée *Istro-polis* paroît remplacée sous le nom ac-tuel de Kara-Kerman, ou forteresse noire. On ne connoît point de lieu correspon-dant à *Trosmi*, qui paroît néanmoins avoir été un poste principal entre les lieux de

la partie la plus baſſe du cours de l'Iſter.
On ſçait que le terrein iſolé par la diviſion du fleuve en pluſieurs bras pour
ſe rendre dans la mer, étoit appelé *Peuce*,
dont le nom ſe conſerve en celui de Pie-
zina, & duquel étoit dérivé celui des
Peucini, qu'il eſt remarquable de voir
reparoître ſous le bas-Empire, quand il
eſt parlé des Picziniges ou des Patzi-
nacites.

Après avoir ainſi parcouru le bord du
fleuve, il faut pénétrer dans l'intérieur
du pays. A l'entrée de ce qui fut attribué à la Dace méditerranée, *Naiſſus*,
patrie de Conſtantin, étoit une place,
comme elle l'eſt encore aujourd'hui ſous
le nom de Niſſa. Sur une voie romaine
qui de Viminacium y conduiſoit, un
lieu nommé *Horrea Margi* (les Gréniers
de Margus) eſt Morava-hiſar, ou château de Morava ſelon les Turcs. Au-delà
de Naiſſus, en tendant vers Sardique,
un défilé, dont il eſt parlé ſous le bas-
Empire comme d'un paſſage important

à garder dans les montagnes, sur la route qui conduit en Thrace, & appelé *Succorum angustiæ*, est connu sous le nom existant de Zuccora. *Sardica* fut la métropole de la Dace méditerranée. Les Bulgares lui donnèrent le nom de Triaditza. On sçait qu'il en reste des vestiges tout près de Sophia, qui tient aujourd'hui un rang très-considérable, comme résidence d'un Begler-beg, auquel le gouvernement de tout ce que comprend le nom de Roum-ili est confié. Le lieu qui pourroit être celui d'*Ulpia Pautalia*, que le prénom d'Ulpius que portoit Trajan distingue, n'est point connu. Mais, un autre lieu obscur avant le règne de Justinien, *Tauresium*, où cet empereur avoit pris naissance, devint sous ce règne la ville dominante en cette contrée, & cette ville fut appelée *Justiniana prima*. C'est encore un lieu de quelque considération, dont le nom de Giustendil n'est qu'altéré d'après celui dont il dérive. Les droits d'une grande métropole attribués à Justiniane par son fondateur, ayant été transportés par des rois Bulgares à Achrida, qu'ils avoient choisie pour résidence dans la nouvelle Epire, c'est ce qui a donné lieu de confondre la première Justiniane avec Achride. Il y eut une seconde Justiniane, en décorant la ville d'*Ulpianum*, qui étoit la patrie de Justin, oncle de Justinien, & le nom de Giustendil lui est également commun aujourd'hui. Tout cet intérieur de la Mœsie étoit d'ancienneté appelé *Dardania*, du nom d'un peuple connu pour sauvage dans les premiers tems. Et quoique la Dace méditerranée s'étendît dans la Dardanie, qui auroit compris *Naissus* selon Ptolémée, cependant on distingue une province particulière de Dardanie dans les tems du bas-Empire, & dont la métropole étoit *Scupi*, qui conserve ce nom, ou autrement Uskup, vers les sources de l'*Axius*, & au pied du mont *Scardus*, que l'on appelle Monte Argentaro. On voudroit connoître la position qui peut repréfenter celle de *Bylazora*, qui dans l'antiquité eft qualifiée de capitale de la Pæonie.

Pour achever ce qui concerne la Mœfie, il refte une partie adjacente au Pont-Euxin, dans laquelle ce qui tient de plus près aux bouches de l'Ifter, forma vers le tems de Conftantin une province particulière fous le nom de *Scythia*. La ville de *Tomi*, que l'exil d'Ovide a illuftrée, prit en cette province le rang de métropolitaine, & on la connoît fous le nom de Tomeswar, quoiqu'autrement appelée Baba. Un lieu voifin & maritime, dont le nom eft Kiuftenge, fait connoître une ville qui étoit nommée *Conftantiana*. Le port appelé Mangalia répond à la pofition de *Calatis*. A quelque diftance de la mer, *Marcianopolis*, tirant ce nom de la fœur de Trajan, fut métropole dans la Mœfie feconde. Le nom de Marcenopoli peut être encore d'ufage, quoiqu'on dife auffi que chez les Bulgares elle eft appelée Prebiflaw,

ou la ville illuftre. Nous finirons par
Odeſſus, qui paroît être Varna, qu'une
grande bataille gagnée fur les Hongrois
par Amurat II, en 1444, diftingue dans
l'hiſtoire.

DACIA.

DEUX nations qui paroiſſent aſſociées,
& auxquelles le même langage étoit commun, *Daci* & *Getæ*, les Daces & les
Getes, occupoient un grand eſpace de
pays, qui de la rive du Danube, s'étendoit vers le nord juſqu'aux frontières de
la Sarmatie d'Europe. Des *Iazyges*, nation Sarmate, établie entre la Pannonie
& la Dace, ſont compris par cet emplacement dans ce qui fait notre objet
actuel. Il y a tout lieu de croire que les
Getes étoient Scythes d'origine ; & lorſ-
que tranſportés en Aſie nous traiterons
de la Scythie, le berceau de cette nation
ſe fera connoître ſous le nom de Geté
qu'il

qu'il conserve. Il y avoit des Getes établis en Thrace, sur la route que fit vers
l'Ister Darius fils d'Hystaspe. Dans une
expédition d'Alexandre contre les Tri-
balles, & postérieure de près de deux
siècles à celle de Darius, il n'est question
des Getes que dans leur position au-delà
du fleuve. Mais, ne se contenant pas
dans leurs limites, la Mœsie & l'Illyricum souffrirent de leurs incursions, &
les nations Celtiques qui y avoient pris
des établissemens, furent détruites. Auguste, pour qui le Danube comme le Rhin
fut une limite que la nature sembloit
donner à l'Empire, se contenta de ré-
primer les Daces, & de fortifier la rive
du fleuve. Il n'en fut pas de même de
Trajan, qui eut le goût des conquêtes.
Quoique les Daces & les Getes paroissent avoir formé un seul corps politique,
comme tout le pays a été également réduit par Trajan, on voit cependant une
distinction d'emplacement, en ce que les
Daces ont leur district particulier assigné

O

au-deſſus des Getes , & ceux-ci plus bas
ſur le fleuve , & vers le Pont-Euxin. Le
nom des Getes eſt plus familier aux Grecs,
celui des Daces aux Romains , & ce nom
fait celui de la contrée. Il ne ſeroit même
plus mention du nom des Getes, ſi ceux
qui ont écrit ne ſe méprenoient point en
confondant ce nom avec celui des Goths,
nation Tudeſque ou Germanique , qui
dans le milieu du troiſième ſiècle avoit
envahi la Dace.

On ne jette communément les yeux
que ſur la Tranſilvanie quand il s'agit
de la Dace. Mais , de grands veſtiges
de retranchemens Romains , pour couvrir le pays conquis , témoignent ſur les
lieux qu'une partie limitrophe en Hongrie y étoit compriſe ; & par des poſitions qui appartiennent à la Dace , la
Valakie & la Moldavie ſont envelop-
pées dans une vaſte province , que les
armes de Trajan joignirent à l'Empire.
Il faut entrer dans quelque détail ſur
ce ſujet. *Tibiſcus* , où conduit une voie

romaine en partant de Viminacium, est Temesvar : & de cette place une autre voie entrant par des défilés dans la Transilvanie, rencontre à leur issue la ville qui fut dominante en tout le pays, & qui sous le nom de *Sarmizegethusa* ayant servi de résidence à Décébale vaincu par Trajan, reçut de ce prince celui d'*Ulpia-Trajana*, auquel le primitif a été aussi associé. Des ruines conservent un reste de magnificence en ce lieu, qui n'est aujourd'hui habité que par quelques pâtres, & est appellé Varhel, ce qui signifie siége ou emplacement de la ville, autrement Gradisca, ce qui le dénoteroit de même. Une voie qui en sort pour conduire dans le nord de la Transilvanie, nous fait d'abord trouver une ville notable, *Apulum*, que celle qu'on nomme Albe-Julie, ou comme on devroit dire Albe-Gyula, a remplacée. Le lieu de *Salinæ*, qui est au-delà, convient à Torda, où il y a des carrières de sel ; & *Napoca* tire son in-

dication du nom actuel de Doboca. Il
y a quelque indice qu'*Upianum* est Ko-
losvar. On retrouve d'autres lieux par
analogie dans la dénomination, *Rhuco-
nium* dans Regen, *Uti-dava* dans Ud-
var, & *Docirana* peut se rapporter à
Dorna. Le Maros, qui traverse le milieu du pays, pour entrer en Hongrie
& se rendre dans la Teisse, est connu
par le nom de *Marisus* dans l'antiquité.

Une autre rivière qui sort de la
Transilvanie, en perçant la chaîne de
montagnes qui la sépare de la Valakie,
Aluta, conserve le nom d'Olt, ou Alut.
On connoit la trace d'une voie romaine, le long de cette rivière jusqu'au
Danube vis-à-vis de Nicopoli, & sur
laquelle entr'autres positions, celle de
Castra Trajana se place vers l'endroit
où est aujourd'hui Ribnik, & celle du
nom de *Castra nova*, & que l'on croit
être un établissement de Constantin,
convient à un lieu qui en conserve de

grands veſtiges. Il faut citer *Zernes*, qui étoit une place de guerre à l'entrée du pays, peu loin du pont de Trajan, & le même nom eſt reſté ſur le lieu, en l'écrivant Czernez. Au-delà d'Aluta, le nom d'*Ardeiſcus*, aujourd'hui Argis, étoit commun à une ville & à une rivière, & il en eſt encore de même. On lit *Ordeſſus* dans Hérodote, & une autre rivière qu'il indique ſous le nom de *Naparis*, doit être celle qu'on nomme Proava. Dans l'étendue de la Moldavie, qui paroît avoir appartenu aux Getes en particulier, *Ararus* ſe rapportera au Siret ; *Porata* ou *Poretus* eſt évidemment le Prut, qui dans Ptolémée paroît ſous le nom d'*Hieraſſus*. Il faut croire que la Dace de Trajan n'avoit d'autres limites que le cours du *Tyras*, dont le nom de *Danaſter* dans les temps poſtérieurs a fait celui de Dnieſter. On a connoiſſance que depuis le Siret, près de ſon entrée dans le Danube, juſqu'au Dnieſter vers la poſition actuelle de Ben-

der, il existe une grande voie Romaine ,
qui est appelée Troïane ou Trajane. En
s'avançant dans le pays , on reconnoît
des lieux que donne Ptolémée dans la
Dace , comme *Palloda* paroît être Bar-
lad , *Petro-dava* Piatra , *Susi-dava* Suc-
zava , *Netin-dava* Sniatyn sur la frontière de Pologne. La finale répétée en
plusieurs de ces noms semble avoir rapport au nom de Dave , que portoient
des esclaves tirés de la Dace. Le *Iassio-
rum municipium* , Iassi , est donné par
une inscription. Et une ville de *Prætoria
Augusta* dans Ptolémée , paroît repré-
sentée par celle que distingue actuellement le nom de Roman , au confluent
de la Moldava avec le Siret. Mais , ce
qui regarde le *Cokajon mons* est singu-
lièrement remarquable , pour avoir été
la demeure d'un pontife , en qui les
Getes croyoient que la divinité étoit
inhérente , avec l'opinion conforme à
celle des Lamas de la Tartarie , sur la
transfusion d'une même ame dans la

ſucceſſion de ces pontifes , depuis celui qui eſt célèbre ſous le nom de Zamolxis. Une rivière du même nom que la montagne couloit au pied , & c'eſt ce qu'on retrouve préciſément , avec un nom fort ſemblable , qui eſt Kaſzon , aux confins de la Moldavie & de la Tranſilvanie. On connoît encore actuellement dans cette ancienne Dace un peuple Romain d'origine , parlant un langage dérivé manifeſtement du Latin , & qui ſous le nom de Vlak ou Valak ayant occupé un canton de la Tartarie plus reculé que n'eſt la Mer Caſpienne , & où il avoit été tranſporté , eſt rentré avec des Patzinaces & des Bulgares , dans une terre qui avoit été Romaine. Un mémoire inſéré dans le volume XXX de l'Académie , fournit ſur ce ſujet plus de détail qu'on ne peut s'en permettre ici.

Pour remplir ce que nous embraſſons de pays dans cet article , il reſte un eſpace entre les limites de la Dace

Romaine, & le cours du Danube le
long de la Pannonie. Dans cet espace
habitoit, comme on en est prévenu d'a-
vance, une nation Sarmate, les *Iazyges*,
qui étoient surnommés *Metanastæ*, ce
qui les désigne comme transplantés ou
poussés hors de chez eux. Et nous verrons en effet d'autres Iazyges établis
sur le Palus Mœotide. Le pays est couvert au nord par une grande chaîne de
montagnes, dont le nom de *Carpathes*
subsiste, n'étant qu'altéré dans celui de
Krapak. C'est aussi ce qu'on trouve appelé *Alpes Bastarnicæ*, en usant du terme d'*Alpes* comme étant générique à
l'égard des montagnes, & la grande
nation des Bastarnes, dont il sera parlé
en traitant de la Sarmatie, communiquant son nom à ces montagnes. Le
Tibiscus, ou la Teisse, en sort, pour
prendre son cours en tournant au midi,
au travers d'un pays de plaine, jusqu'à
la rencontre du Danube, recevant le
Crisius, ou Kerés, & le *Marisus* dont il

a été fait mention. Le nom d'*Anarti* est donné comme celui d'une nation particulière, contiguë aux Daces vers le nord. Quant aux Iazyges, il est remarquable que malgré les révolutions que la Hongrie a éprouvées, ils y soient encore connus dans les environs d'une ville à la hauteur de Bude, & dont le nom d'Iaz-berin signifie fontaine des Iazyges.

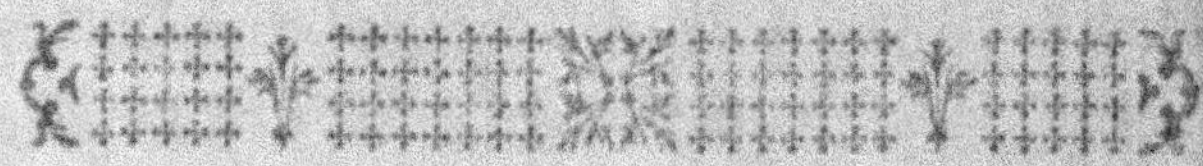

IX.

SARMATIA EUROPÆA.

CETTE vaſte contrée, contiguë à la partie orientale de la Germanie, acheve de remplir le continent de l'Europe. Elle en paſſe même les limites, par ce que le nom des *Sarmatæ*, ou ſelon les Grecs *Sauromatæ*, s'eſt étendu au-delà du Tanaïs. Pour donner une idée générale de cette grande nation, & la diſtinguer de ce qui eſt Germanique d'un côté, & Scythique de l'autre, il faut dire, que tout ce qui parle un langage foncièrement Slavon, & ne variant que ſelon différents dialectes, eſt Sarmate Et ſi on trouve ce même fond de langage établi dans des contrées étrangères à l'ancienne Sarmatie, c'eſt que, dans les tems qui ont succédé à ceux de l'antiquité, des essaims de cette nation se sont répandus en Germanie jusqu'à l'Elbe, & au midi du Danube jusqu'à la Mer Adriatique.

La Sarmatie est en général un vaste pays de plaine, & c'est du terme de *Pole*, qui signifie plaine, que la Pologne, qui fait l'entrée de la Sarmatie, tire son nom. La Vistule est regardée comme faisant la séparation de la Sarmatie d'avec l'ancienne Germanie. Ptolémée conduit plusieurs rivières, à la suite de la Vistule, dans le *Sinus Venedicus*, désignant ainsi une partie de la Mer Baltique : & ces rivières, *Chronus*, *Rubo*, *Turuntus*, *Chessinus*, seront ; Pregel, que son embouchure au-dessous de Konigsberg a dû faire remarquer ; Russ, qui vers le haut de son cours se nomme Niemen ; Duna, & Perna, qui tombent dans le golfe de Livonie ; & il est très-convenable d'avoir de la retenue en cherchant à faire ces applications, sans courir trop au loin. Ce golfe paroît être le *Cylipenus*, ayant au rapport de Pline une isle à son embouchure, sous le nom de *Latris*, comme il est vrai que celle d'Osel en couvre l'entrée. Le Borysthène est composé de deux rivières dans Ptolémée, dont les sources sont distinguées en septentrionale & méridionale, & celle-ci ne peut se rapporter qu'au Prypec, qui tombe dans le Dnieper au-dessus de Kiovie. Car, le Borysthène a changé de nom, & de celui de *Danapris* usité dans les tems postérieurs, dérive la dénomination actuelle. La rivière qui sous le nom d'*Hypanis* s'y rend peu au-dessus de la mer, ayant été aussi appellée *Bogus*, le nom de Bog lui est resté. Pour ce qui est du Tanaïs, qui prenant sa source en pleine Sarmatie, sépare dans la partie inférieure de son cours l'Europe d'avec l'Asie, il est appelé la Tane dans quelques voyages écrits depuis 500 ans, en communiquant même ce nom au Palus Mæo-

tide, dans lequel on fait qu'il fe rend.
L'ufage préfent de dire le Don, n'eft
qu'une forme ab égée du nom primitif.
Une ville fituée à fes embouchures, &
qui étoit l'entrepôt du commerce en cette
contrée, portant le même nom de *Tanaïs*, eft célèbre dans la tradition des
peuples du nord fous le nom d'Aas-gard,
ou de ville d'Aas, qu'il eft remarquable
de voir fubfifter dans celui d'Azof en
même pofition. On peut encore diftinguer, que ce nom entre dans celui de
Tan-aïs, compofé de deux membres,
dont le premier eft repréfenté par le
nom actuel du fleuve.

Quoique le grand fleuve, dont le nom
eft *Rha* dans Ptolémée, foit par lui compris tout entier dans la Sarmatie adjugée
à l'Afie, la connoiffance pofitive que
nous avons des fources du Volga dans
le voifinage de la naiffance de Boryf-
thène, & plus engagées en Europe que
ne l'eft la fource même du Tanaïs, voudroit que des deux rivières dont Ptolé

mée forme le Rha, celle qu'il diftingue
fous le nom d'occidentale convint à la
Sarmatie Européenne, plutôt qu'à l'A-
fiatique. La branche orientale même,
que la Kama qui tombe dans le Volga
repréfente, fortant des montagnes qui
femblent élevées pour féparer deux Mon-
des différens, comme elles féparent la
Ruffie d'avec la Sibérie, que l'on ne connoiffoit pas il y a deux fiècles, pourroit
être revendiquée en faveur de l'Europe.
Jufque-là le pays n'offre point de montagnes ; & celles qui font célèbres dans
l'antiquité fous le nom de *Riphæi montes*, ou *Ripæi* felon les Grecs, n'exiftent
en aucune manière près des fources du
Tanaïs, comme on les voit dans Ptolémée. S'il marque une chaîne de Monts
Hyperboréens, c'eft-à-dire plus élevés
vers le feptentrion, le local ne montre
rien qui puiffe s'y rapporter que les montagnes dont on vient de parler, & que
dans les premières notions qu'on en a
eues, on croyoit pouvoir appeller *Cin-*

gulum Mundi, la ceinture du Monde.

Il faut maintenant faire connoître quelques nations principales, entre celles que l'on trouve citées comme répandues dans la Sarmatie. Les *Venedi* s'étendoient au loin depuis le rivage de la Mer Baltique ; & si on remarque que leur nom subsiste en celui de Wenden dans un district de la Livonie, c'est d'une manière resserrée, & qui ne répond point à l'étendue de la nation. Passant même la Vistule, les Vénedes prirent possession jusqu'à l'Elbe des terres évacuées vers la fin du quatrième siècle par les Vandales, dont on voit quelquefois le nom confondu mal-à-propos avec celui des Vénedes, la différence entre ces nations étant bien décidée par le langage, Slavon chez les Vénedes, Tudesque chez les Vandales. Et il est remarquable, que le Slavon a suivi des Vénedes, transportés dans le canton de la Carniole, qui de leur nom est appelé Windish-

mark. Le pays qu'occupoient les Vénedes étoit dans le dixième siècle celui des
Pruzzi, dont il est d'usage actuellement
de remplacer le nom par celui de *Bo-*
russi, que l'on trouve à la vérité dans
Ptolémée, mais qui y paroît reculé dans
l'intérieur de la Sarmatie, vers l'emplacement qu'il donne aux monts Riphées.
C'est sur ce rivage que la mer jette
l'ambre, appelé par les naturels du pays
Glés, par les Romains *Succinum*, par les
Grecs *Electrum* : & des isles du nom
d'*Electrides* ne peuvent être que les plages
longues & étroites, qui séparent de la
mer les golfes nommés Frisch-haf & Cu-
risch haf. Selon Tacite, l'ambre auroit
été recueilli par les *Æstiæi*, que Ptolémée ne connoît point, mais dont le nom
se conserve hors des limites de la Prusse,
dans l'Estonie, qui fait partie de la Livonie ; & on ne doute point que le nom
d'Est-land dans les écrivains du moyen-
âge, ne vienne de la position orientale
du pays à l'égard de la Mer Baltique.

Selon Ptolémée, les grandes nations de la Sarmatie, outre les Vénedes par lesquels il commence, sont les *Peucini* & *Bastarnæ*, qui occupent le dessus de la Dace; les *Iaziges* & *Roxolani*, établis sur le Palus Mæotide. Il y ajoute dans l'intérieur les *Hamaxo-bii*, ou vivans dans des chariots, que Tacite distingue des Vénedes & des Peucins ou Bastarnes, en ce que ceux-ci se construisent des habitations fixes. Il est parlé des Bastarnes & des Peucins comme d'une même nation; de sorte que le nom de *Peucini* ne feroit que distinguer la partie de cette nation qui auroit été voisine de l'isle *Peuce*, entre les bras qui forment les embouchures du Danube, & dont le nom de Piczina conserve un rapport évident à ceux de Peucins & de Picziniges, comme nous l'avons déja remarqué dans un autre endroit. Les *Iazyges* paroissent une nation fort étendue, dont une partie est nommée avec les *Tyri-getæ*, établis sur le *Tyras*, ou Dniester. Leur emplacement sur le Palus est donné à des Scythes par Hérodote.

On croit voir les *Roxolani* peu reculés, quand on trouve leur nom associé aux Bastarnes & aux Daces, & l'empereur Adrien en traité avec le roi de la nation. On est encore fort tenté de croire, que le nom des Roxolans est celui des Russes, qui ayant occupé dans le midi de la Pologne ce qui paroît avoir été la demeure des Bastarnes, on laissé leur nom à une des principales provinces de ce royaume.

Il faut ajouter à ces peuples les *Budini* & *Geloni*, dont parle Hérodote dans le récit qu'il fait de l'expédition de Darius fils d'Hystaspe contre les Scythes. Ces deux nations paroissent en grande liaison, quoique différentes entre elles ; la première étant purement Sarmatique, & adonnée à la vie pastorale ; l'autre sortie des établissemens que les Grecs avoient formés sur le Pont-Euxin, & ayant communiqué à ses voisins le culte & une partie du langage Grec. Une ville toute construite de bois chez les Budins, & qui se nommoit *Gelonus*, que Darius détruisit par le feu, pouvoit être un ouvrage des Gélons. Par le détail que fournit Hérodote sur le canton des Budins, & dans lequel un ouvrage abrégé ne sauroit entrer, on croit distinguer ce canton sur la droite du Borysthène au-dessous de Kiovie. Mais, il semble par d'autres endroits que ce peuple soit remonté plus haut; & que les Gélons s'étant plus écartés des lieux de leur origine, soient devenus plus Sarmates qu'ils n'étoient du tems dont Hérodote parle. Car ils sont représentés comme ayant des couleurs imprimées sur la peau, de même que ce qui est dit des *Agathyrsi*. Ceux-ci sont bien plus méridionaux dans Hérodote, qu'ils ne paroissent dans Ptolémée. Ce qui décrie davantage les Sarmates, c'est d'avoir parmi eux des *Andro-phagi*, & des *Melan-chlæni*, ou vêtus de noir, mangeans de la chair humaine. On trouve des nations qualifiées de Royales; & les *Basilii* sont des Scythes, selon Hérodote, près du Palus & de l'entrée de la Cherfonèfe Taurique. Strabon joint des *Bafilii* aux Iazyges nommés avec les Tyrigetes. Dans Ptolémée, la nation diftinguée par ce nom eft reculée dans ce qu'on a vû précédemment qu'il attribue à la Sarmatie Afiatique ; & pour lui donner une place, on pourroit imaginer que le canton de la Ruffie, ou d'anciens princes Ruffes ont été établis, comme eft celui de Wolodimer, conviendroit mieux qu'un autre. Les *Perierbidi*, qu'il dit former une grande nation dans la même contrée Sarmatique, fe compareroient à ce qui eft diftingué depuis long-tems vers les limites de la Ruffie du côté de la Sibérie, fous le nom de Welika Perma, ou de Grande Permie.

Il eft parlé dans Pline fous le nom d'*Arimphæi*, d'un peuple qu'il conviendroit d'eftimer très reculé vers le nord, comme étant le plus voifin d'un promontoire attribué à la Celtique, dont le nom dans les premiers tems s'étendoit à toute la partie septentrionale de l'Europe. Si en examinant le local, on cherche ce qui peut repréfenter ce promontoire qui eft appelé *Lytarmis*, le Candenoff paroîtra bien la pointe de terre la plus en faillie dans la Mer Glaciale, au-delà du golfe que l'on nomme Biela More, ou Mer Blanche. Il eft à préfumer que les anciens avoient quelque idée de cette mer, dont l'enfoncement pouvoit beaucoup contribuer à leur faire regarder la Scandinavie comme une terre renfermée par des golfes. Un fleuve cité de même dans cette dernière région où nous fommes tranfportés, & nommé *Carambucis*, pourroit s'appliquer à la Dwina, que l'on fçait avoir fes embouchures dans la Mer Blanche. Les Arimphées habitoient les forêts, vivoient de gland. Ce féjour eft celui qui diftingue encore un peuple, connu dans cette contrée fous le nom de Siræni. Mais, qu'une nation foit réputée facrée, & femblable aux Hyperboréens, felon ce que Pline

ajoute fur le compte de celle-ci, c'eft
ce qu'il convient de regarder de même
œil que tout ce que l'antiquité débite
à l'avantage d'une nation Hyperboréenne
très-enfoncée dans le nord, avec des
merveilles furnaturelles dans fon climat.
Voilà ce qu'il y a de plus remarquable
à dire fur les nations de la Sarmatie.
Pour terminer ce que nous comprenons
dans le même article, il faut defcendre vers le Pont-Euxin, & traiter de la
Cherfonèfe Taurique.

Les bords du Pont-Euxin depuis les
bouches de l'Ifter, les environs du Borysthène, & le rivage du Palus, font
donnés à des Scythes par Hérodote : &
d'après Strabon on pourroit y appliquer
le nom de *Parva Scythia*, ou de Petite
Scythie, de même que dans les cartes
modernes il eft commun de voir cette
contrée fous le nom de Petite Tartarie.
Les Grecs y avoient formé quelques établiffemens ; & une colonie Miléfienne,

à laquelle on avoit donné le nom d'*Olbia*
(ou d'heureuse) étoit située un peu au-
deſſus de l'embouchure du Boryſthène,
à l'endroit où il reçoit l'Hypanis. C'eſt
d'une autre poſition, & comme étant à
la bouche même du fleuve, qu'une place
tire actuellement ſon nom d'Ouzi ou
d'Oczakow en langage du pays. Quand
en remontant le fleuve, on trouve un
lieu remarquable par l'avantage de ſa
ſituation dans un labyrinthe de canaux,
qui en fait la retraite aſſurée des Coſa-
ques, on eſt tenté d'y rapporter une poſition que donne Ptolémée ſur le Bory-
ſtène au-deſſus d'Olbia, ſous le nom de
Metropolis. On ne voit point qu'il ſoit
mention dans les écrivains de l'antiquité,
& avant Conſtantin Porphyrogenete, des
cataractes du fleuve, qui ſont appelées
Porowis. Mais, en ſe rapprochant de la
mer, des langues de terre reſſerrées d'une
manière ſingulière entre le rivage & des
lagunes, & formant une pointe, étoient
appelées *Dromus Achillei*, ou la Courſe

d'Achille, en suppofant que ce héros y avoit célébré des jeux.

L'entrée de la Cherfonèfe eft refferrée d'un côté par la profondeur d'un golfe, qu'une ville adjacente nommé *Carcine*, faifoit appeler *Carcinites*, & dont le nom de Necro-pyla (ou de porte mortuaire) dans les tems poftérieurs, a fait par méprife celui de Negropoli dans quelques cartes, comme d'une ville qui remplaceroit Carciné. Ce qui refferre d'un autre côté l'entrée de la Cherfonèfe , eft un marécage émané du Palus Mæotide , & nommé *Byces* , *Putris* ou *Sapra* , actuellement Gniloé-more en langage du pays , avec la même fignification que *Putris* en Latin , & *Sapra* en Grec , ou celle de marais bourbeux. Un foffé , *Taphros* felon le terme Grec , avoit été creufé pour fermer cette entrée ; & une place de même nom , ou *Taphræ* , en faifoit la défenfe , comme on y voit aujourd'hui la forterefse de Perekop , autrement nommée Or , & Or capi en y ajoutant

ajoutant une terme Turc qui signifie porte. Cette Chersonèse selon l'expression greque, ou péninsule, enveloppée du Pont-Euxin & du Palus, fut enlevée aux Cimmériens, que leur incursion en Asie au midi de l'Euxin avoient rendus célèbres, par des Scythes ; & ceux que distingue le nom de *Tauri* ou *Tauro-Scythæ*, paroissent également établis dans les dehors comme dans l'intérieur de la péninsule, à laquelle le nom de *Taurica Chersonesus* est devenu propre. Mais il est à remarquer, que le nom actuel de Krim, ou de Crimée comme on dit ordinairement, pourroit être dérivé de celui des *Cimmerii*. Dans cette terre qui avoit pris le nom de Taurique, une partie montueuse vers le midi, conservoit le nom de *Mons Cimmerius*, & on y retrouve une ancienne place, appelée Eski-Krim, ce qui signifie le vieux Krim.

Des Grecs étant venus s'établir dans la Chersonèse, s'y cantonnèrent aux environs du Bosphore ; & un petit Etat qu'ils y avoient formé ayant été cédé à Mithridate, que ses guerres avec les Romains ont rendu si célèbre, ce prince réduisit à l'obéissance les Scythes qui étoient demeurés maîtres de la plus grande partie de la Chersonèse. Après lui, le Bosphore eut une suite de rois, qui reconnoissoient la supériorité de l'Empire Romain. On trouve le nom de Gothie donné à ce pays, parce que des Goths s'y sont maintenus quelque tems sous le bas-Empire. Il nous reste à parler de quelques lieux principaux de l'antiquité. Et premièrement d'une Chersonèse particulière, formée par la profondeur de deux ports. Des Grecs sortis d'Héraclée, ville maritime de la Bithynie, y avoient construit une ville, qui paroit avoir eu deux emplacemens successifs, sous le même nom de *Chersonesus*. Les empereurs Grecs conservèrent cette place, qui gardoit le nom de *Cherson*; & on peut douter que la position actuelle de celle qui se nomme Koslevé, réponde précisément à l'ancienne.

Le continent de la Taurique est terminé vers le midi par un promontoire fort avancé dans le Pont-Euxin, & qui étoit appellé *Criu-metopon*, ou front de bélier. Aujourd'hui chez les Turcs son nom est Karadjé-bourun, ou nez noir. Les anciens ont remarqué, qu'il fait face à un promontoire non moins élevé dans le continent de l'Asie, appelé *Carambis*, en disant même qu'en mer dans l'intervalle de ces promontoires, on a vue de l'un & de l'autre. Sur la côte qui s'étend du front de bélier au Bosphore, on convient de donner à une ville que des Grecs avoient nommée *Theodosia*, la position actuelle de Cafa. La principale des villes qui fût sur le Bosphore Cimmérien étoit *Panticapæum*, qui devoit comme les autres villes maritimes de cette contrée sa fondation à des Grecs, & on est bien fondé à croire que le nom de *Bosporus* lui est aussi appliqué. Le lieu qui en tient la place se nomme Kerché, au-delà duquel est une place appelée par les Turcs Iéni-calé, ou nouveau château. On sçait assez que le *Bosporus Cimmerius* fait la communication du *Palus Mæotis* avec le Pont-Euxin. Les Italiens que le commerce a conduits dans ces mers, comme la possession de Cafa par les Génois jusqu'à la prise de cette ville par Mahomet II. le témoigne, ont donné au Palus le nom de Maré dellé Zabaché ; & le Bosphore qui est quelquefois appelé Canal de Cafa, est plus communément nommé Détroit de Zabache. On trouve aussi le Palus être appelé Limen, quoique pour répondre au terme latin de *Palus*, le terme Grec est *Limnè*, & non pas *Limen*, qui signifie port. Dans le pays même, on a communiqué au Palus le nom de *Tanais*, selon le témoignage d'un auteur Byzantin ; & comme il est plus commun aujourd'hui de l'appeler Mer d'Arof qu'autrement, nous avons remarqué en parlant du Tanaïs, que dans cette dénomination même du fleuve, le nom de la ville se trouvoit compris. C'est ainsi qu'en terminant cet article concernant la Sarmatie, nous mettons fin à la description de l'Europe selon l'ancienne Géographie.

FIN DE L'EUROPE.

ERRATA *du premier Volume*

PAGE 19, ligne 9 : fa place, *corrigez* la place.

P. 69, l. 9 : *Parifii* en italique.

P. 132, l. 2 : Iaziges, *corrigez* Iazyges.

P. 153, l. 2 : de même.

P. 161, l. 12 : occupé, *lifez* occupée.

P. 169, l. 2 : fous, *lifez* fur.

P. 208, l. 8, 9 : *Canucium*, corr. *Canufium*.

P. 222, l. 6 : *Lilibœum*, corr. *Lilybœum*.

P. 246, l. 14 : jufqu'au, *lifez* & jufqu'au.

P. 251, l. 11 : féparée, *lifez* féparé.

Tome I.